Direito Penal Económico

UMA POLÍTICA CRIMINAL NA ERA COMPLIANCE

Direito Penal Económico

UMA POLÍTICA CRIMINAL NA ERA COMPLIANCE

2019

Anabela Miranda Rodrigues

DIREITO PENAL ECONÓMICO
UMA POLÍTICA CRIMINAL NA ERA COMPLIANCE

AUTOR
Anabela Miranda Rodrigues

EDITOR
EDIÇÕES ALMEDINA, S.A.
Rua Fernandes Tomás, n.ºs 76, 78 e 80
3000-167 Coimbra
Tel.: 239 851 904 · Fax: 239 851 901
www.almedina.net · editora@almedina.net

DESIGN DE CAPA
FBA.

EDITOR
EDIÇÕES ALMEDINA, S.A.

IMPRESSÃO E ACABAMENTO

Janeiro, 2019

DEPÓSITO LEGAL

Os dados e as opiniões inseridos na presente publicação são da exclusiva responsabilidade do(s) seu(s) autor(es).

Toda a reprodução desta obra, por fotocópia ou outro qualquer processo, sem prévia autorização escrita do Editor, é ilícita e passível de procedimento judicial contra o infrator.

 GRUPOALMEDINA

BIBLIOTECA NACIONAL DE PORTUGAL – CATALOGAÇÃO NA PUBLICAÇÃO

RODRIGUES, Anabela Miranda, 1953-
 Direito penal económico: uma política criminal
 na era compliance. – (Manuais universitários)
 ISBN 978-972-40-7735-2

CDU 343

Como alguém diz...
No fim está tudo certo.
Se não está certo é porque ainda não chegou ao fim.

PREFÁCIO

É com profunda satisfação e apreço especial que redijo estas breves linhas, as quais servem de apresentação ao mais recente livro da Senhora Professora Doutora Anabela Miranda Rodrigues, cujo percurso profissional e académico tanto prestigia e dignifica todos os que, tal como eu, dedicaram a sua vida ao serviço do Direito.

Prefaciar esta obra constitui, pois, uma enorme honra que transporta sobre si o não menor peso de uma responsabilidade.

Tendo como tema central os problemas fundamentais do direito penal económico da atualidade, o livro que ora se dá à estampa percorre, ao longo de mais de cem páginas, as principais questões dogmáticas e político-criminais relativas à legitimidade e necessidade da punição de atividades económicas ilícitas.

Em traços gerais, o direito penal económico tem por escopo a proteção das atividades económicas praticadas hodiernamente num mercado económico livre e global.

A profunda crise económica com que o mundo, há poucos anos, se deparou, a urgência em reparar as sequelas deixadas assim como a absoluta necessidade de acautelar futuros danos aliadas a um veloz desenvolvimento tecnológico e a um incremento de relações sociais cada vez mais complexas transformaram-se nos grandes responsáveis pelo surgimento de novas áreas de intervenção repletas de conflitos específicos, que não apenas as identificam como também as distinguem, distanciando-as, dessa forma, dos tradicionais problemas sobre os quais o direito penal clássico sempre se debruçou e abrindo a porta a novos âmbitos de regulação.

Sofrendo amiúde a censura da boa doutrina, quando esta afirma que a intervenção penal em matérias económicas se apresenta excessivamente como *prima ratio* ao invés de *ultima ratio*, acabando, assim, por colidir diretamente com o princípio da intervenção mínima, a verdade é que o momento presente impõe a necessidade de proteger a atividade económica no seu conjunto e exige respostas, evitando, dessa forma, ruturas e desequilíbrios.

Importa não esquecer que o bem jurídico em causa no direito penal económico tem, maioritariamente, um caráter supraindividual ou coletivo e um conteúdo económico-empresarial que, conjuntamente com o fenómeno da globalização, impõem, inelutavelmente, que cada Estado se mantenha vivo e eficaz no combate à criminalidade desenvolvida neste sector.

É, pois, desta forma, que o direito penal económico se assume, nos nossos dias, como o verdadeiro garante do desenvolvimento da moderna economia de mercado, evitando abusos e introduzindo fortes restrições no liberal mundo económico, salvaguardando desta maneira o princípio basilar da liberdade.

Perante tudo isto, é em boa hora que surge a presente publicação, que se encontra dividida em três grandes partes.

Na parte primeira, procura entender-se um pouco melhor a legitimidade e a necessidade da intervenção penal no domínio económico, analisando-se as soluções desenhadas no cenário internacional A autorregulação, o intervencionismo e a autorregulação regulada são respostas a esmiuçar detalhadamente.

A parte segunda é inteiramente dedicada ao atual capitalismo regulatório e aos principais aspetos da *corporate governance* e dos programas de *compliance*, tendo em vista os seus efeitos sobre a responsabilidade penal das empresas e dos seus administradores, administradores de *compliance* e funcionários.

A obra termina com uma terceira e última parte, na qual se aborda um dos vetores fundamentais da evolução do direito penal económico que é a sua europeização, catapultada na pós-crise de 2008, tendo por referência as incriminações de abuso de mercado e de branqueamento.

Permitam-me, aqui, que dê especial relevância ao cuidado que a Autora dedicou à integração global da temática, não prescindindo de abordar, no ponto 3.3., o direito português de Macau (RAEM – Região Administrativa e Especial de Macau) assim como o direito brasileiro.

Este novo livro, de fácil e agradável leitura do ponto de vista estilístico, evidencia, pois, a complexa política criminal na era *compliance*, que só um profundo conhecimento do direito penal económico conjugado com uma inata e superior capacidade de construção dogmática tornam possível e cuja excelência do resultado, estou certo, se traduzirá em grande utilidade para todos os que ambicionem entrar nos intrincados meandros de uma «nova» ordem jurídica.

Concluo com dois conselhos.

Ao leitor, seja ele operador jurídico ou público em geral, só posso aconselhar esta publicação, na certeza que, ademais de uma ótima leitura, ficará muito mais esclarecido no que a estas matérias diz respeito.

À Autora, os meus parabéns por mais esta exímia e indelével obra para o mundo do direito, que a todos só nos honra e enriquece.

Bem-haja, pelo que ora nos oferece, reiterando votos para que, no futuro, nos possa continuar a presentear com muita e boa doutrina como esta.

Macau, 31 de Outubro de 2018

Rui Cunha
Advogado
Presidente da Fundação Rui Cunha

Parte I
Legitimidade e necessidade da intervenção penal no domínio económico

1. Introdução

A interrogação sobre a legitimidade e a necessidade da intervenção penal no domínio económico atravessa o tempo atual de uma forma particularmente sensível.

A referência à crise financeira de 2008 é inevitável.[1] Nenhuma outra, até ao presente, suscitou perguntas tão difíceis aos penalistas ou provocou respostas tão díspares e contraditórias. E que podemos abreviadamente sintetizar, de um lado, nas interrogações: há crimes? Há responsáveis? E, de outro lado, em respostas que vão desde o «discurso da resistência»[2] ao direito penal até ao desenvolvimento de um conceito

---

[1] Sobre o tema, cf. ANABELA MIRANDA RODRIGUES, «Direito penal económico – é legítimo? é necessário?», *Revista Portuguesa de Ciência Criminal (RPCC)*, Ano 26, 2016, p. 37s. *Vide*, ainda, AUGUSTO SILVA DIAS, «O direito penal como instrumento de superação da crise económico-financeira: estado da discussão e novas perspetivas», *Anatomia do Crime*, Ano 0 (julho-setembro), 2014, p. 45s.

[2] LUIS GRACIA MARTÍN, «Prólogo», GONZALO CASTRO MARQUINA, *La ncessidad del derecho penal económico y su legitimidade en el Estado social y democrático de derecho*, BdeF-Euros Editores, Montevideu, Buenos Aires, 2016, p. XVIII. Para uma análise do «discurso de resistência», cf. GONZALO CASTRO MARQUINA, *La ncessidad del derecho penal económico*, cit., p. 11-19 e 109s.

inovador de «crime económico de carácter político», teorizado por *Wolfgang Naucke*[3]. Aquele, um discurso que aponta o seu caráter simbólico «negativo»[4] e consequente ineficácia. Na conceptualização de *Naucke*, não se trata já tão-só da conexão do crime com o poder económico, mas de ele ser promovido ou não controlado e mesmo tolerado pelo Estado: é, em suma, uma «criminalidade de Estado». Que, segundo o autor, remete para um conceito que se desenvolveu nos processos económicos de *Nuremberga* (em 1947/1948) e que, em processos mais recentes, como o processo *Honecker* (1989/1990) e o processo contra o primeiro-ministro islandês (2010/2011), foi invocado para traduzir a «aniquilação da liberdade das pessoas e das instituições jurídicas que a protegem»[5] como consequência da «ruina de um sistema económico levada a efeito mediante o poder de tomar decisões económicas vinculativas de grande alcance»[6].

Pode encontrar-se descrita a traços largos a crise de 2008 e identificados os fatores e os instrumentos financeiros implicados nas suas origens em vários autores da esfera jurídico-penal. Referem-se aqui, do lado europeu,

---

[3] W. NAUCKE, *Der Begriff der politischen Wirtschaftsraftat. Eine Annäherung*, Berlin, Verlag, 2012. Cita-se, no presente texto, a tradução em língua espanhola, *El concepto de delito económico-político. Una aproximación*, Marcial Pons, 2015. Sobre o conceito de «crime económico de carácter político» desenvolvido por *Naucke*, vide EUGENIO SARRABAYROUSE, «Estudio preliminar», W. NAUCKE, *El concepto de crime económico-político*, cit., p. 26-29 e EDUARDO DEMETRIO CRESPO, «El significado político del derecho penal económico», E. Demetrio Crespo (dir.) y M. Maroto Calatayud (Coord), *Crisis financiera y derecho penal económico*, BdeF-Edisofer, Montevideu, Madrid, 2014, p. 13s.

[4] Sobre este aspeto, especificamente por referência ao direito penal económico, cf. LUIS ARROYO ZAPATERO, «Derecho penal económico y Constitución», *Revista Penal*, nº 1, 1998, p. 4 e 5 e CARLOS MARTINEZ-BUJÁN PÉREZ, «Reflexiones sobre la expansión del derecho penal en Europa com especial referencia al âmbito económico: la teoria del 'big crunch' y la selección de bienes jurídico-penales», *La política criminal en Europa*, Santiago Mir Puig, Mirentxu Corcoy Bidasolo (directores), Víctot Gómez Martín (coordinador), Atelier, 2004, p. 96 e 99 e 100.

[5] Assim, W. NAUCKE, *El concepto de delito económico-político*, cit., p. 39. Trata-se de um crime (p.35) «cujo merecimento de pena surge da destruição dos fundamentos vitais de muitos cidadãos, consequência de decisões económicas pelas quais se deve responder».

[6] W. NAUCKE, *El concepto de delito económico-político*, cit., p. 35s.

Christian Schröder[7] e *Volker Krey*[8] e, na América latina, *Eugenio Sarrabayrouse*[9] e *Carlos Marichal*[10].

A crise financeira[11] desencadeou-se a partir das operações especulativas realizadas por bancos, que compraram os denominados «títulos tóxicos», isto é, valores baseados em hipotecas norte-americanas subavaliadas. A origem da crise encontra-se na explosão da «bolha imobiliária» nos Estados Unidos, depois de um período importante de aumento incessante dos preços das casas. Os mercados imobiliário e de crédito iniciaram uma prática que se denominou *subprime*,[12] ou seja, de emprestar dinheiro a pessoas que normalmente não teriam podido aceder a um crédito hipotecário para adquirir uma casa, o que aumentava o risco de falta de pagamento. Estas hipotecas *subprime* começavam, nos primeiros anos, com um juro baixo, que depois subia drasticamente. Na maioria dos casos, não se explicava aos tomadores de créditos os riscos da operação e dizia-se-lhes que poderiam, em prazo breve, refinanciar a hipoteca para manter os juros baixos. Foram muitos os economistas que alertaram para os perigos, mas ninguém quis travar o clima de euforia, já que todos pareciam estar a ganhar dinheiro: os agentes imobiliários, as empresas de construção e de materiais e os próprios consumidores, que estavam felizes porque pela primeira vez podiam comprar casa própria. Entretanto, a autorregulação dos mercados, em que os governos

---

[7] CHRISTIAN SCHRÖDER, «Ursachen und Bewaltigung der Finanzmarktkrise aus starfrechtlicher Sicht», *Wirtschatskriminalität*, Brita Bannenberg e Jorg-Martin Jehle (org.), Verlag, 2010, p. 241-252.

[8] VOLKER KREY, «Finanzmarktkrise und deutsches Strafrecht. Verantwortlichkeit von Bankvorstanden fur hochspekulativen Handel mit Asset-Backed Securities (durch Vermögenswerte besicherte Wertpapiere) auf der Basis von US Subprime Mortgages (minderwertige US-hypotheken)», *Strafrect als Scientia Universalis. Festschrift f. Klaus Roxin zum 80.Geburtstag am 15.Mai 2011* (Manfred Heinrich et al.), De Gruyter, 2011, p. 1073-1076.

[9] EUGENIO SARRABAYROUSE, «Estudio preliminar», *El concepto de crime económico-político*, cit., p. 20-25.

[10] CARLOS MARICHAL, *Nueva historia de las grandes crisis financeiras. Una perspectiva global, 1873-2008*, Buenos Aires, 2010, passim (p. 277s).

[11] Segue-se EUGENIO SARRABAYROUSE, «Estudio preliminar», *El concepto de crime económico-político*, cit., *ibidem*.

[12] Sobre a génese do subprime e a influência dos ativos derivados na crise de 2008, cf. ANTÓNIO MENEZES CORDEIRO, «A crise planetária de 2007/2010 e o governo das sociedades», *Revista de Direito das Sociedades*, Ano I, nº 2, 2009, p. 267s.

republicanos norte-americanos se comprometeram, significou que as empresas e os bancos ficaram fora de qualquer regulação. Em 2005/2006, as taxas de *subprime* dispararam e muitos dos novos proprietários não puderam pagá-las. A crise não se limitou às instituições financeiras norte-americanas: quer os bancos quer as seguradoras tinham passado as suas dívidas a investidores e a outros bancos, através de complexos pacotes financeiros quase incompreensíveis. O pânico eclodiu rapidamente, pois ninguém sabia quem era o verdadeiro dono destas «dívidas inúteis», difundidas por todo o sistema financeiro mundial. De imediato, as instituições de crédito não estavam mais dispostos a conceder empréstimos, o que gerou a crise do crédito. As perdas começaram a acumular-se e, em meados de 2008, os bancos e as principais entidades financeiras de todo o mundo anunciaram perdas de valor gigantesco. Em vários países europeus, muitos gerentes e diretores de bancos foram responsáveis pela compra de produtos financeiros duvidosos, os ativos derivados, baseados nas hipotecas norte-americanas subavaliadas – no jargão financeiro, *asset backed securities based on american subprime mortgages (MBS – mortgage-backed securities), collaterized debt obligations (CDO)* e, ainda, *credit swaps default (CDS)* –, operações realizadas sem a informação suficiente sobre a sua estrutura e o seu valor. As perdas ocasionadas, para evitar que a rutura de entidades bancárias prejudicasse a economia, determinaram diversos resgates financeiros realizados pelos Estados.

A sucessão de acontecimentos que abalaram os sistemas económicos e financeiros na sequência da crise – muitos com laivos de escândalo – adensava a «sombra criminosa» sobre eles. *Bajo Fernández* e *Silvina Bacigalupo Saggese*, na edição de 2010 do seu manual de *Derecho Penal Económico*, referiam que ainda não se tinha plena consciência do «caráter criminoso» da crise de 2008. Em nosso entender, era já o despertar desse consciência que neste alerta se anunciava. E, ao mesmo tempo, percebiam-se também mais nítidos os obstáculos de variada ordem que se erguiam a uma intervenção penal nesta área. Os chamados *Documentos do Panamá*[13] e, mais recentemente, os *Documentos do Paraíso*[14] são um bom exemplo do que se quer dizer. Curiosamente, o que se observa é que, em vez de negar a veracidade das informações, a principal estratégia de defesa utilizada pelos implicados

---

[13] A referência é aos *Panama Papers*, divulgados em abril de 2016.
[14] A referência é aos *Paradise Papers*, divulgados em novembro de 2017.

foi a de sustentar a legalidade das contas ou das atuações refletidas nos diversos documentos filtrados.

O que é bastante significativo. É fundamental equacionar o que está em causa.

Acontece que os crimes económicos não deixam, no plano físico, sinais externos que facilmente os identificam como crimes e que são próprios da generalidade da delinquência convencional. Como já se disse[15]: «Se aparece oculto um cadáver, o nosso primeiro impulso será pensar que estamos perante uma vítima de homicídio. Pelo contrário, a mera descoberta de uma série de documentos como os que figuram nos *Documentos do Panamá* não é suficiente para determinar a existência de indícios de crime com um grau de segurança equivalente, embora se levante a suspeita. Provavelmente, na maioria dos casos, bastará para fundar um juízo negativo no plano moral, mas já não no plano legal».

A dificuldade está em dilucidar a ilicitude dos comportamentos: é sabido que a fronteira entre uma fuga lícita ao pagamento de impostos e uma fraude fiscal pode ser muito estreita e o mesmo sucede com outras práticas características da delinquência económica. Há múltiplas e sofisticadas maneiras de lhes «dar um banho de legalidade»[16]. Como adverte *Albrecht*[17], «a incriminação de comportamentos económicos no moderno direito penal do perigo levanta menos a pergunta sobre 'quem fez isto', do que sobre se 'o que aconteceu é realmente crime'». Sendo que a questão é mais funda. O legislador penal, no âmbito económico, tem, por vezes, dificuldade em tipificar o ilícito de um modo preciso.

2. Cenário da política criminal económica

Em ordem a delinear uma política criminal eficaz para a delinquência económica é imprescindível que se faça uma aproximação ao cenário em que esta se vem desenvolvendo e a revelar-se a crise que lhe anda ligada e de que padecem múltiplos países.

---

[15] GONZALO CASTRO MARQUINA, *La necessidade del derecho penal económico*, cit., p. XXVI.
[16] A expressão é de GONZALO CASTRO MARQUINA, *La necessidade del derecho penal económico*, cit., p. XXVI.
[17] H.J. ALBRECHT, «Investigaciones sobre la criminalidade económica en Europa:conceptos y comprobaciones empíricas», *Modernas tendências en la ciência del derecho penal y la criminologia*, UNED, Madrid, 2001, p. 260.

Volvidas mais de três décadas após a obra de Ulrich Beck, em 1986,[18] sobre a *sociedade do risco*, em que captou com apurada sensibilidade a insegurança inerente ao projeto da sociedade industrial da modernidade, o seu diagnóstico não perdeu atualidade e é hoje reforçado pela disrupção dos sistemas económico e financeiro, a que se juntam a crise energética, as alterações climáticas, as pandemias ou a criminalidade grave organizada e o terrorismo global. Interagindo com o risco, a globalização – também já descrita como uma *compressão do Mundo* – é o outro fenómeno responsável pela emergência de uma sociedade impregnada por uma ideologia neoliberal, que não por acaso recebe o ápodo de «globalização neoliberal»[19]. O primado da *lex mercatoria* – a *entronização do mercado*, para utilizar a terminologia do prémio Nobel *Joseph Stiglitz*[20] – e a ausência de regulação pública efetiva são suas caraterísticas reconhecidas, designadamente da globalização económica.

Foi também *Beck*[21] que chamou a atenção para que a globalização, ao contrário do que à primeira vista se poderia pensar, não apontava para o «fim da política», mas para «novos atores» da política num «novo espaço»: os grandes empresários em empresas internacionais à escala mundial. A atuação destes novos protagonistas, situada fora das fronteiras nacionais,

---

[18] A referência é a ULRICH BECK, *Risikogesellschaft. Auf dem Weg in eine andere Moderne*. Suhrkamp, Frankfurt a. M., 1986. O Autor definiu a «sociedade do risco» como aquela que, juntamente com os progressos da civilização, apresentava a contrapartida da produção de novos riscos conaturais àqueles progressos, por exemplo, perigos ambientais ou nucleares. Hoje em dia, como o próprio Beck destaca (ULRICH BECK and JOHANNES WILLMS, *Conversations with Ulrich Beck*, Cambridge, Polity Press, 2003, p. 34), a lista dos «riscos» poderia ser ampliada: «riscos laborais (precariedade, flexibilidade laboral e despedimentos); riscos sanitário-alimentares (contaminações, adulterações, transgénicos, pestes de animais); riscos derivados da alta sinistralidade (laboral e em acidentes com veículos); riscos próprios de desajustamentos psíquico-emocionais e derivados das «patologias do consumo (anorexias e bulimias)».
[19] Sobre o fenómeno da globalização, no que se segue, ANABELA MIRANDA RODRIGUES, *RPCC*, Ano 26, 2016, p. 42s.
[20] A referência é à obra do Autor *O Preço da Desigualdade*, publicada em 2012 (cf. Joseph E. Stiglitz, *O preço da desigualdade*, Bertrand, 2014, p.126s).
[21] Chama a atenção, exatamente nestes termos (e no que se segue), para a análise de Ulrich Beck (*Que és la globalización? Falacias del globalismo, respuestas a la globalización*, Paidós, 1998, p. 15s.), EDUARDO DEMETRIO CRESPO, *Crisis financeira y derecho penal económico*, cit., p. 4 e 5.

significou mais política – a politização da economia –, permitindo-lhes que desempenhem um papel chave, não só na configuração das relações económicas, mas na sociedade no seu conjunto: têm uma localização incerta, escapam aos controlos estaduais e não prestam contas a qualquer eleitorado. A abertura a espaços de tratamento diferenciado de certas atividades, ilícitas nuns lugares e lícitas noutros, permitem-lhes escolher o local em que querem instalar-se, em busca da máxima rentabilidade em função das diferentes disciplinas legais, em domínios tão variados como o fiscal, laboral, da segurança social ou ambiental, ou ainda os setores financeiro ou económico. E onde se inclui, também, o âmbito penal, cujas opções legislativas condicionam o investimento e são, em contrapartida, condicionadas por ele[22]. Por sua vez, o capitalismo financeiro, aliado à aceleração da revolução tecnológica e à proliferação dos cibermundos, converteu a economia real em algo quase obsoleto e fez surgir uma economia virtual e imaterial, um capitalismo de acionistas e especuladores. Desregulação ou financiarização da economia são sinais de ameaça e geram desigualdade, assimetria e enfraquecimento dos Estados. Fala-se[23] de um Mundo *luhmanianamente* mais complexo, em que são ineficientes muitas das técnicas clássicas de intervenção. Domina uma tecnologia que ganha sofisticação crescente, em que o saber se encontra cada vez mais nos centros de *I+D* das empresas do que na administração pública, que perdeu, deste modo, a sua autoridade técnica e, com ela, grande parte da sua capacidade de regulação.

O que se observa é que os Estados nacionais definham na sua capacidade de produzir riqueza e veem diminuído o seu poder para gerir os assuntos internos, para tomarem as decisões que podem melhorar as condições de vida dos seus cidadãos. Com as ameaças, as incertezas e a instabilidade – as *crises* –, os Estados mostraram as suas vulnerabilidades e as dificuldades que enfrentam em lidar com as questões político-criminais. Ganhou-se consciência que a crença na eficácia da política criminal estadual está abalada.

---

[22] Assim, J.M. TERRADILLOS BASOCO, «Derecho penal económico. Lineamentos de política penal», IUS, *Revista del Instituto de Ciencias Jurídicas de Puebla,* México, ano IX, nº 35, enero--junio de 2015, p. 8s.
[23] Cf. ADÁN NIETO MARTÍN, «Responsabilidad social, gobierno corporativo e autorregulação: sus influencias en el derecho penal de la empresa», *Política Criminal,* Nº 5, 2008, A3-5, p. 3 (htpp:/www.politicacriminal.cl/n_05/a_3_5.pdf), acesso em dezembro de 2017.

É este o contexto em que se colocam os desafios ao direito penal económico.

A este propósito, reconhece-se que é inegável que se vem verificando, nos últimos tempos, um fenómeno da expansão do direito penal, em que o direito penal económico é um protagonista na boca de cena. E que, dessa forma, se pretendem resolver problemas sociais, emitindo sinais – simbólicos – que são um mero expediente para tranquilizar uma sociedade que está sobretudo interessada em reduzir as margens de risco que ameaçam a vida em comunidade.

Entretanto, não pode esquecer-se que todo o direito penal é intrinsecamente simbólico e que essa é uma função que deve cumprir (função simbólica «positiva»). A questão reside em que ela não pode ser – não é – função exclusiva do direito penal, e também do direito penal económico, o que seria afinal revelador de (um problema de) falta de legitimidade da intervenção penal neste domínio. O que deve ser afastado.

O problema liga-se à forte polémica, gerada com o deflagrar da crise de 2008 e os escândalos financeiros com ela conexionados, quanto a saber se deviam ser encarados como casos individualizáveis, resultado da atuação danosa de gerentes ou empregados concretos, ou se, afinal, se trata de um problema inerente ao sistema financeiro na sua configuração e modo de funcionamento atual[24]. Estão em confronto duas posições diferentes, que acarretam consequências também diferentes para a questão de saber qual o lugar que o direito penal aqui ocupa.

De um lado, perante o entendimento da crise como «um fracasso sistémico do mercado financeiro», emerge a falta de adequação da intervenção penal. Avulta, neste sentido, o pensamento de *Klaus Lüderssen*,[25] de acordo com o qual os mecanismos autónomos dos sistemas económico-empresariais deteriam o papel principal – a participação das pessoas não assumiria a qualidade de «facto principal» –, pelo que «a busca de culpados não teria qualquer razão de ser». O argumento é o de que «o comportamento errado

---

[24] Sobre as posições em confronto, designadamente encabeçadas por Klaus Luderssen e por Bernd Schunemann, vide, E. DEMETRIO CRESPO, *Crisis financeira y derecho penal económico*, cit., p. 9s.

[25] K. LÜDERSSEN, «Finanzmarktkrise, Risikomanagement und Strafrecht», *Die Finanzkrise, das Wirtschaftsstrafrechts und die Moral*, Kempf, Luderssen,Volk (Hrsg.), Walter De Gruyter, 2010, p. 199s.

se teria convertido em regra e acontecia em milhares de casos, sem que se possa nem se deva considerar responsáveis principais por eles indivíduos particulares». No fundo, dito de outra maneira, a «complexidade» do que está em causa «impede a imputação individual de responsabilidades».

Frente a esta posição, de outro lado, defende-se que não podemos contentar-nos em «culpar os mercados» ou o sistema financeiro em geral. O que significaria «ficar-se pela superfície das coisas»[26], enquanto, na verdade, existem pessoas e instituições responsáveis ou que deveriam responder. Inscreve-se aqui o pensamento de *Naucke*, a que já fizemos referência, que assume a ideia central de que «com a crise financeira de 2008 não se trata de uma falha do sistema», apelando expressamente a *Bernd Schünemann*, na linha de quem se encontram nomes como os de *Christian Schröder, Mark Deiters, Peter Kasiske* ou *Volker Krey*.[27] *Shünemann*[28] veio defender que é possível analisar, à luz do direito penal económico, um ilícito individual e que estão em causa «factos que, de acordo com a lei, a doutrina e a jurisprudência são puníveis, enquanto constituem uma criminalidade organizada globalmente». Em resposta a uma corrente económica que qualifica esta posição de «populista» e «simplista» – ilustrada por *Werner Pumple*[29], por exemplo – e em resposta aos seus seguidores desta corrente económica no direito penal, *Shünemann* entende que o argumento de que não se podem encontrar responsáveis individuais perante as características dos comportamentos em causa «é menos convincente aqui do que a sua utilização no caso de crimes organizados pelo Estado, executados, afinal, de acordo com ordens de um poder superior e mediante 'recetores de ordens' que as acatam»: na verdade, e por contraposição, estamos hoje perante «comportamentos concordantes» de um grupo profissional, cuja execução não foi coagida por ninguém ou pelo Estado. Neste sentido defende que se está perante *processos concretos* em que *pessoas concretas* participam e não face a

---

[26] Cf. E. DEMETRIO CRESPO, *Crisis financiera y derecho penal económico*, cit., p. 10, por referência a L. Benería y C. Sarasúa, «Crímenes económicos contra la humanidade», Sin Permiso, 3/4/11 (www.sinpermiso.info).
[27] W. NAUCKE, *El concepto de delito económico-político*, cit., p.36 e, designadamente, nota 6.
[28] B. SCHÜNEMANN, «Die sogennante Finanzkrise – Systemversagen oder global organisierte Kriminalitat?», B. Schunemann (Hrsg.), *Die sogennante Finanzkrise – Systemversagen oder global organisierte Kriminalitat?*, Verlag, 2010, p. 71s.
[29] A referência é de EUGENIO SARRABAYROUSE, «Estudio preliminar», W. NAUCKE, *El concepto de crime económico-político*, cit., p. 26, nota 24.

processos globais de carácter sistémico e, assim, o que está em causa é examinar se «títulos depreciados ou sem valor foram vendidos a pessoas de boa-fé, sob a ficção de uma solvência maior (caso em se falaria de uma burla), ou se a direção de um banco concreto lesou o seu próprio banco com investimentos de cuja falta de valor tinha conhecimento (caso em que se falaria de administração danosa)»[30].

Os matizes de qualquer uma das posturas que referimos – de recusa ou de apelo à intervenção penal – têm vindo a multiplicar-se. Isto é altamente compreensível, se tivermos em vista que a intervenção do direito penal ou outros tipos de respostas aos problemas económicos – jurídicas, não jurídicas ou mistas – têm conhecido uma evolução imparável.

3. Génese e desenvolvimento do direito penal económico

Um breve olhar sobre a génese e o desenvolvimento do direito penal económico é útil, por melhor nos elucidar sobre a atual política criminal em matéria económica no contexto das interrogações suscitadas pela crise mais recente. Lembrando que o problema da criminalidade económica é, como qualquer outro tipo de criminalidade, um problema político. Mas *exasperadamente* político, já que a resposta punitiva é fruto do sistema político- económico estadual.[31]

A evolução do direito penal económico acompanha a questão que sempre envolveu a definição do conceito de crime económico. Porque, na verdade, não basta a existência de crimes como os de burla, falsificação de moeda ou documentos, usura, insolvência, infidelidade ou mesmo de açambarcamento ou especulação para se poder considerar que estamos perante um domínio que se possa definir como direito penal económico. As tentativas para o conformar, por isso, também se sucederam, ao mesmo tempo que, «como exemplo de *darwinismo* jurídico»[32], o direito penal económico se

---

[30] Cf. E. DEMETRIO CRESPO, *Crisis financeira y derecho penal económico*, cit., p. 10 e 11, relevando também estes aspetos.
[31] Desde sempre, acentuando esta dimensão, KLAUS TIEDEMANN, *Wirtshaftskriminalitat und Wirtschaftesstrafrecht in den USA und in der Bundesrepublik Deutschland*, Tubingen, 1978, p. 5; no mesmo sentido, JORGE DE FIGUEIREDO DIAS, «O direito penal económico entre o passado, o presente e o futuro», *Revista Portuguesa de Ciência Criminal (RPCC)*, 22, 2012, p. 523.
[32] Assim, ADÁN NIETO MARTÍN, «Introducción», *El derecho penal económico en la era compliance* (directores Luis Arroyo Zapatero/ Adán Nieto Martín), Tirant lo Blanch, 2013, p. 11.

adapta aos desafios que vão colocando ao longo da história os distintos modelos e convulsões económicas.

Assim[33], se, ligados ao florescer do comércio na baixa Idade Média, quando o valor das boas práticas comerciais eram um bem valioso que se entendia dever proteger, se podem apontar os crimes de insolvência, já o crime de alteração dolosa dos preços se pode considerar o crime do liberalismo económico, quando se acreditava que a «mão invisível» se devia mover sem obstáculos que impedissem a livre formação de preços no mercado. Entretanto, a intervenção dos Estados na economia, também através do direito penal, foi a resposta ao modelo económico liberal na sequência das graves crises que marcaram o início do século XX.

Do lado europeu, primeiro com os Estados autoritários – fascistas e nazistas –, depois com os Estados sociais e democráticos de direito. Se em meados do século passado se generalizou a convicção, em grande parte fruto das Grandes Guerras que ocorreram em solo europeu, de que a reconstrução exigia acudir a necessidades e suprimir riscos da mais variada ordem, designadamente mas não só ao nível económico e financeiro, era coerente, com efeito, atribuir ao Estado a função de garante de regras e princípios económicos fundamentais que os acautelassem e assegurassem novas funções no tecido económico-social, a fim de garantir a todos níveis mínimos de bem-estar compatíveis com a dignidade humana. E, para assegurar o cumprimento das novas responsabilidades que assumia, o Estado recorreu ao direito penal. Foi, como lhe chamou *Figueiredo Dias*, a «era de ouro»[34] do direito penal económico. Vão surgir – a atestar um movimento de expansão do direito penal económico que o vai caraterizar – os crimes fiscais ou os crimes destinados a proteger as partes mais frágeis nos processos económicos, por exemplo, trabalhadores ou consumidores; e também os crimes de fraudes na obtenção de subvenções ou contra a segurança social; e, além disso, os crimes contra o ambiente, bem ameaçado pelos processos de produção massivos que se implantaram com a revolução industrial; e ainda os crimes relacionados com abusos de poder

---

[33] Segue-se, ADÁN NIETO MARTÍN, «Introducción», *El derecho penal económico*, cit., *ibidem*.
[34] JORGE DE FIGUEIREDO DIAS, *RPCC*, 2012, cit., p. 525. O autor refere-se ao «direito penal económico em sentido amplo, de forma a abranger o direito sancionatório económico tanto especificamente penal, como administrativo, por conseguinte, tanto o direito dos crimes e das penas criminais, como o direito das contraordenações e das coimas» (p. 525).

no comércio internacional, com a confiança nos mercados e valores mobiliários ou com a informática.

Do lado americano, com *Franklin Roosevelt* e a sua política do *New Deal* de filiação *keynesiana*, na resposta à crise económica de 1929 e para evitar situações de riscos como os que tinham conduzido ao *crash* de *Wall Street* da Bolsa de Valores de Nova Iorque, optou-se pela criação de agências reguladoras[35] que pudessem controlar as atividades empresariais e surgiram as primeiras leis[36] dirigidas a controlar as instituições financeiras.

É sabido como esta estratégia reguladora teve, no entanto, o seu ocaso com a política de *Ronald Reagan* e, no Reino Unido, com a linha prosseguida por *Margareth Tatcher* que a acompanhou, apoiadas então pela influente corrente de pensamento da *Escola de Chicago*. E como a liberalização e a privatização, que em geral atravessaram a economia, com o seu postulado da desregulação, trouxeram consigo os primeiros grandes escândalos protagonizados, do lado americano, pela *Enrom* e *WorldCom* no setor financeiro, e pela *Arthur Anderson* no setor da auditoria, e, do lado europeu, pelos casos *Parmalat* e *Barings*.

Há que reter, entretanto, que se assinalaram desde sempre importantes diferenças entre o intervencionismo europeu e o americano.[37] Aquele, mais ligado aos modelos sociais de Estados que as constituições europeias generalizadamente consagraram através de «cláusulas sociais», em que os serviços, públicos, estavam esmagadoramente na mão do Estado e em que as empresas, longe do gigantismo norte-americano, eram financiadas pela banca. Já o intervencionismo norte-americano era a resposta ao poder de grandes empresas, verdadeiros gigantes económicos, financiadas nos mercados, cujas regras de transparência era vital funcionarem.

Como se nota, de resto, uma certa forma de intervencionismo esteve sempre presente na vida económica, mesmo em tempos de liberalismo de sabor *smithiano*. Orientações estaduais de pendor regulatório não deixaram de se fazer sentir para proteger a *mão invisível* e acautelar comportamentos que pudessem colocar em risco ou lesar o funcionamento autónomo do

---

[35] A *Securities and Exchange Comission* (SEC) foi criada pela Seção 4 do *Securities Exchange Act* de 1934, no contexto da Grande Depressão que acompanhou o *crash* de 1929.

[36] A referência é à *Securities Act* de 1933, à *Securities Exchange Act* de 1934, à *Investment Company Act* de 1940 e à *Investment Advisers Act* de 1940.

[37] Cf. Adán Nieto Martin, *Política criminal*, cit., p. 3.

mercado, cuja concorrência em que assentava se autorregulava apenas mediante o *laissez-faire*. A primeira intervenção estadual norte-americana foi contra os cartéis, e data de 1890, com a aprovação pelo Congresso da *Sherman Act*.[38] Hoje, reconhece-se que, para reduzir na maior medida do possível as distorções da concorrência inerentes ao mercado não basta garantir a liberdade e é essencial reduzir os riscos do seu funcionamento e assegurar a transparência dos fluxos económicos. O conhecimento das regras do jogo emerge como diretriz da política económica e o Estado assume a preocupação de garantir a todos os participantes no mercado condições simétricas de possibilidade de acesso às informações relevantes para a tomada de decisões. No setor do mercado de capitais, designadamente, o modelo *Securities laws*, por influência norte-americana, implicou para as empresas que participam no mercado deveres de comunicação sobre cada vez um maior número de informações e dados, quer aos mercados quer às entidades reguladoras. Foi ainda nos Estados-Unidos que, em resposta aos escândalos empresariais da viragem do milénio envolvendo fraudes e falta de transparência, foi aprovada, em 2002, a *Sarbanes-Oxley Act (SOA)*, cujo objetivo foi o de proteger os acionistas, criando para os dirigentes das empresas «deveres gerais e especiais de organização».[39] Um sinal claro de que não é de agora que as políticas de governança corporativa deixaram de ser estratégias puramente privadas para integrarem regulamentação estadual e institucional.[40] E com a *Dodd-Frank Wall Street Reform and Consumer Protection Act (Dodd-Frank Act)*, em 2008, procurava restabelecer-se a confiança nos mercados, fortemente abalada com a crise, mediante

---

[38] Sobre isto, cf. ANDREI ZENCKNER SCHMIDT, *Direito penal económico. Parte Geral*, 2ª Edição, revista e ampliada, Livraria do Advogado, 2018, p.53s. Refere-se que (p. 54), ao tempo, a empresa *Standard Oil*, de *John Rockefeller*, criou uma operação de *trust*, submetendo diversas empresas subsidiárias da Companhia ao comité de controlo único, o que facultou a formação de monopólios na exploração do petróleo, açúcar, whisky, chumbo, óleo de algodão e de linhaça. A nova lei foi o instrumento jurídico utilizado, em 1911, para que a liberdade de concorrência no setor fosse restabelecida, à custa do desmembramento da *Standard Oil* em duas outras empresas: a *Standard Oil* de Nova Jersey (hoje *Exxon*) e a *Standard Oil* de Nova Iorque (hoje *Mobil*).
[39] Sobre isto, cf., ROLAND HEFENDEHL, «Enron, WorldCom and the consequences: business criminal law between doctrinal requirements and the hopes of crime policy», *Buffalo Criminal Law Review*, Vol. 8, nº 1, April 2004, p. 51s (p. 51). Vide, também, ANABELA MIRANDA RODRIGUES, «Direito penal económico. Fundamento e sentido da aplicação das penas de prisão e de multa», *Revista do Ministério Público*, 151, JUL-SET 2017, p. 11s (p. 13).
[40] Sobre isto, cf. *infra*, Parte II, 2.

uma maior transparência no funcionamento das instituições financeiras. Assinala-se[41] que esta lei tinha em vista, fundamentalmente, proteger os contribuintes e consumidores norte-americanos perante os comportamentos fraudulentos daquelas instituições, impedindo-se o «resgate» (*bailout*) com dinheiros públicos às empresas «demasiado grandes para falirem» (*too big to fail*).

De qualquer modo, estas lógicas de intervenção diferenciadas, perante um Mundo que, como é por demais reconhecido e já se deixou brevemente apontado, se alterou profundamente, fizeram com que o debate sobre os desafios da política criminal económica europeia não se possa já situar mais, como se verá, no âmbito da dicotomia simplista intervenção *versus* autorregulação.[42]

4. Direito penal económico: é legítimo? é necessário?

A acompanhar a questão regulatória continuam a impor-se, entretanto, interrogações sobre a conformação do direito penal económico. A atestar o seu desenvolvimento expansionista, é interessante a categoria dogmática de «crimes com objeto plural inequivocamente ilícito»[43], de que fala *Luis Gracia Martín*, em Espanha, expressiva de um fenómeno que acompanha o contexto em que a criminalidade «económica» se desenvolve e que se traduz na «dissolução de fronteiras entre a criminalidade económica ou empresarial organizada e a criminalidade organizada clássica» e apela a uma «eventual exigência de neutralizar a separação entre ambos os conceitos»[44]. Com a consequência, então, de mais um alargamento da criminalidade económica a crimes como – e os exemplos são de *Gracia Martín* – «o tráfico internacional de drogas, de moeda falsa, de armas, de órgãos humanos, de pessoas para a prostituição, de crianças para a adoção internacional, de

---

[41] Cf. Artur de Brito Gueiros Souza, «Programas de compliance e a atribuição de responsabilidade individual nos crimes empresariais», *Revista Portuguesa de Ciência Criminal (RPCC)*, Ano 25, janeiro-dezembro, 2015, p. 117s (p. 131 e 132).
[42] Cf. Ian Ayres/ John Braithwaite, *Responsive Regulation. Transcending the deregulation debate*, New York. Oxford. Oxford University Press, 1992, p. 3.
[43] Cf. Luis Gracia Martín, *Prolegómenos para la lucha por la modernización y expansión del derecho penal y para la crítica del discurso de la resistencia*, Tirant lo Blanch, Valencia, 2003, p. 74s.
[44] Salienta estes aspetos, por apelo a H.J. Albrecht (cit., *supra*, nota 17), E. Demetrio Crespo, *Crisis financiera y derecho penal económico*, cit., p. 6, nota 15.

migrantes e trabalhadores, o branqueamento ou diferentes modalidades de corrupção política e de funcionários».[45]

Neste contexto, zonas de consenso para identificar o crime económico não são fáceis de encontrar. Residem mais facilmente no plano criminológico. Acentua-se o facto de ser protagonizado por indivíduos com qualificações e *status*, que utilizam estruturas e instrumentos comuns à atividade económica lícita. É um crime – como já ao tempo o definiu *Edwin Sutherland*[46] – «cometido por uma pessoa com respeitabilidade e *status* social alto na sua ocupação». E que, num quadro de globalização e financiarização da economia e de capitalismo popular como o atual, comporta uma danosidade elevadíssima – desmesurada, como se tem vindo a acentuar nos tempos mais recentes –, o que é apontado como a sua característica identificadora[47]. Para além dos danos económicos e dos danos derivados do efeito ressaca e espiral – em que avulta, desde logo, a corrupção –, salienta-se ainda o facto de que as crises financeiras, que andam paredes-meias com a criminalidade económica, se ligam a ajustes económicos de consequências devastadoras que atingem de modo imediato as camadas sociais mais vulneráveis e, mediatamente, por via da carga fiscal, a generalidade dos cidadãos.

O que se quer colocar em relevo[48] é que os crimes económicos não são *constitutivamente* direito penal simbólico, no sentido de reforço de interesses ou funções que nunca deveriam ser considerados como bens jurídico-penais, em definitivo, *mala quia prohibita*. Invoca-se, então, que a atividade

---

[45] Luis Gracia Martín, *op. ult. cit., ibidem*.
[46] Cf. o seu já clássico artigo «White-collar criminality», *American Sociological Review*, Vol. 5, No 1, Feb. 1940, p. 1s. E, na mesma Revista, publicado em 1945, «Is «white-collar» crime?» (*American Sociological Review*, Vol 10, No. 2, *1944 Annual Meeting Papers*, April, 1945, p. 132s.
[47] Estes aspetos têm vindo a ser analisados, de forma especialmente atenta, na atualidade. Cf., por todos, designadamente, Luis Gracia Martín, «La modernización del derecho penal como exigência de la realización del postulado del Estado de derecho, social y democrático», *Revista de Derecho Penal y Criminologia*, 3ª época, nº 3, 2010, p. 155s; G. Castro Marquina, *La necesidad del derecho penal económico*, cit., p. 11s; Carlos Martínez-Buján Pérez, *Derecho penal económico*, Iustel, 2012, p. 82s; e J.M. Terradillos Basoco, «Financiarización económica y política criminal», *El derecho penal económico y empresarial ante los desafíos de la sociedad mundial del riesgo*, José Ramón Serrano-Piedecasas Fernández, Eduardo Demetrio Crespo (dir), 2010, p. 129s. (p. 140s); *id*, «Derecho penal económico. Lineamientos de política penal», IUS, cit., p. 13s.
[48] Nesta via, cf., designadamente, Anabela Miranda Rodrigues, *RPCC*, Ano 26, 2016, cit., p. 53s e Autores aí citados.

económica, pese embora a deriva desreguladora, se desenvolve no âmbito de orientações políticas definidas pelos legisladores, em matérias tão díspares como a fiscal, da despesa pública, do controlo público de atividades que incidem no meio ambiente, na saúde dos consumidores ou que dizem respeito à concorrência. O que se argumenta é que, sob a capa do princípio do bem jurídico, recorre-se ao direito penal como mero reforço de disposições administrativas de controlo ou promoção ou como instrumento de intervenção dirigido à tutela de mecanismos e funções económicas. Tratar-se-ia da *tentação*, paradigmaticamente denunciada por *Winfried Hassemer* e *Muñoz Conde*, de utilizar o princípio do bem jurídico, não como limite da criminalização, mas como «rampa impulsionadora», «convertendo dolorosamente a proibição de excesso numa proibição de défice».[49]

Reconhece-se que a proteção de bens jurídicos na esfera económica constitui um dos desafios principais do direito penal (económico), ligado quer à natureza coletiva dos bens em causa quer às dificuldades de tipificação do ilícito e à frequente utilização de crimes de perigo abstrato. Mas, como as investigações criminológicas na esfera económica mostram,[50] o risco não é ilusório: não só há novas formas de agressão a bens jurídicos em «contextos de ação coletivos», em que «as relações pessoais» são substituídas por «comportamentos anónimos e estandardizados»; como também o risco é mesmo maior do que a insegurança sentida, em virtude da «neutralidade» ou da «aparência externa de licitude» dos crimes económicos, que frustram a identificação das vítimas enquanto tais.

A este propósito, assim, reitera-se, por um lado, que estes bens jurídicos não são uma criação artificial, pelo menos diferente, em substância, de toda a criação artificial que se pode dizer que está ligada à atividade de configuração típica pelo legislador de condutas puníveis: só ações ou omissões lesam ou põem em perigo bens jurídicos, sendo as *exigências* colocadas ao nível da tipicidade, relativas à necessidade de as ações ou omissões serem tanto quanto possível precisa e minuciosamente descritas para que

---

[49] Cf. W. HASSEMER y F. MUÑOZ CONDE, *La responsabilidade por el produto en derecho penal*, Tirant lo Blanch, 1995, p. 22 e 23.
[50] Cf., designadamente, CARLOS MARTINEZ-BUJÁN PÉREZ, «Reflexiones sobre la expansión del derecho penal en Europa con especial referencia al ámbito económico: la teoría del 'big crunch' y la selección de bienes jurídico-penales», *La política criminal en Europa*, cit., p. 97s (p. 100).

se possam identificar, reveladoras, afinal, da afirmação do direito penal do bem jurídico[51]; e, por outro lado, que são as características do bem jurídico protegido em cada caso e as modalidades típicas da sua afetação que devem orientar a opção do legislador por crimes de dano ou crimes de perigo. Sendo que no caso do recurso a estes últimos, o cuidado deve ser redobrado para não incorrer no enfraquecimento de garantias ou dos critérios de imputação. Não se nega que se está num domínio onde a margem de liberdade do legislador é especialmente ampla. E, por isso, o que se afirma é que esta tarefa de tipificação, ao nível do princípio da legalidade, coloca aqui, neste domínio económico, particulares exigências, que, por isso, não devem fazer afastar a intervenção penal.

Convém não esquecer ainda que há a considerar um tique *classista* que é «má companhia» do direito penal, acantonando-o a *ghettos* de criminalização bagatelar ou de marginalidade, que não pode deixar de se ter em atenção, quando se reivindica que o direito penal se abstenha de alargar o seu âmbito de ação a novos comportamentos, de elevadíssima danosidade, como são os comportamentos económicos ilícitos. Há muitos bens jurídicos que os nossos ordenamentos jurídicos já conhecem há largo tempo: a concorrência, o mercado, o ambiente, o património histórico, artístico e cultural, ou bens ligados à qualidade de trabalhador ou de consumidor. Chamar a si o reconhecimento da sua relevância para a vida das pessoas em sociedade foi um dever de que os Estados fizeram sua *responsabilidade*. Quando assume a sua tutela penal, o legislador não está a expandir artificialmente o âmbito do punível: está – e tem de estar *apenas* – a responder, com o último recurso de que *legitimamente* pode dispor, a novas e sofisticadas formas de lesão desses bens.

Se ao Estado, hoje, se pede que faça mais, no âmbito penal, isso não tem de significar, necessariamente, desrespeito ou desconsideração pelo princípio da *ultima ratio*. «*Ultima ratio* não é *nulla ratio*»[52].

O que está em causa é assegurar a legitimidade da intervenção penal na atividade económica que resolva, mediante um adequado equilíbrio

---

[51] Já neste sentido, ANABELA MIRANDA RODRIGUES, «Sobre o crime de importunação sexual», *Revista de Legislação e Jurisprudência*, Ano 143º, nº 3987, Julho-Agosto, 2014, p. 436.
[52] Assim, J.M. TERRADILLOS BASOCO, *IUS, Revista del Instituto de Ciências Jurídicas de Puebla*, 2015, cit., p. 18.

valorativo, as tensões entre as exigências de proteção de bens jurídicos coletivos, cada vez mais «imateriais» ou «institucionalizados», e o respeito pelo princípio da *ultima ratio* em que aquela intervenção penal se consubstancia. Na verdade, os limites – que são constitucionais – ao *jus puniendi* têm de conviver com a obrigação estadual – que também goza de nível constitucional – de assegurar as necessidades preventivas.

Com efeito, o direito penal, se quer ser legítimo – e eficaz – deve integrar-se na panóplia de meios próprios de política social, de amplo espectro, dirigida à proteção dos direitos, dos interesses ou à realização de princípios do modelo económico. A diferença está em que, enquanto a esses instrumentos ou a outros ramos do direito – civil e administrativo – lhes cabem funções de promoção ou de controlo ou, inclusivamente, de sancionamento, mas não de punição, ao direito penal só se lhe pode confiar a proteção de bens jurídicos relevantes – de acordo com um princípio de *ultima ratio* – perante os ataques mais insuportáveis de que sejam objeto – princípio da fragmentariedade –, onde aqueles outros ramos do ordenamento, jurídico e não jurídico, mostram a sua impotência – princípio da subsidiariedade. E é a relevância – a dignidade constitucional – dos bens jurídicos envolvidos no domínio económico e a sua caraterística de bens jurídicos coletivos que obriga a doutrina penal, hoje com mais afinco, a aprofundar o conceito de crime económico.

Este conjunto de bens jurídicos não deve ser identificado com a intervenção do Estado na economia, ao jeito do que sugere um conceito que a doutrina vem cunhando de «conceito estrito» de crime económico[53]. Nem

---

[53] Sobre o conceito de direito penal económico existe uma vasta literatura. Salientam-se, na ciência jurídico-penal portuguesa, os estudos pioneiros de EDUARDO CORREIA, «Introdução ao direito penal económico», *Revista de Direito e Economia*, 3 (1977), p. 3s (com a colaboração de J. Faria Costa); J. FIGUEIREDO DIAS e M. COSTA ANDRADE, «Problemática geral das infrações contra a economia nacional», *Direito penal económico e europeu: textos doutrinários*, volume I – *Problemas Gerais*, Coimbra Editora, 1998, p. 319s; e de J. FARIA COSTA e M. COSTA ANDRADE, «Sobre a conceção e princípios do direito penal económico», *Revista de Direito e Economia*, 8 (1982), p. 277s. Na América latina são de assinalar, no Brasil, A. SILVA FRANCO, «A crise financeira de 2008: quatro anos depois», *Revista Portuguesa de ciência Criminal*, ano 22, nº 2, p. 3370s; e, no Uruguai, RAÚL CERVINI, «La perspectiva integrada del derecho penal económico. Constituye un instrumento superador de su clássica bipolaridad conceptual?», *Nuevos desafios en derecho penal económico*, IBdeF, Montevideo – Buenos Aires, 2012, p. 107s.

o direito penal é um instrumento apto para conferir tutela integral à ordem económica: é, aliás, um meio tosco, falho de elementos capazes de assegurar ou promover, positivamente, a dinâmica económica. Tais funções cabem a mecanismos extrapenais. O direito penal é, pelo contrário, um instrumento de «defesa»: limita-se a proteger os bens jurídicos «que estão na base e na mira» da política económica:[54] «não a política económica em si», mas sim os «bens jurídicos relevantes de que esta necessita ou que é capaz de gerar». A ordem económica, constitui o enquadramento em que se entrecruzam um amplo conjunto de interesses e valores fundamentais, cuja afetação relevante confere o fundamento inicial legitimador da intervenção penal. A partir daqui, defende-se que a «danosidade» – mesmo potencial – para o coletivo pode ser um critério que identifica o bem jurídico (coletivo) a proteger pelo crime económico[55].

A proteção de bens jurídicos coletivos constitui o desafio principal do direito penal económico. Que não pode propor uma expansão ilimitada do *jus puniendi* nem permitir uma subversão dos princípios de imputação penal. Muito menos, a transformação da lei penal em ferramenta emancipatória ou superadora de desigualdades sociais com raízes estruturais. O direito penal, que atua através dos meios mais gravosos que são as penas, não pode ter objetivos tão transcendentes e deve «limitar-se» – insiste-se –, primeiro, a considerar em que casos a atividade económica pode comportar ataques intoleráveis a bens jurídicos relevantes, e, em segundo lugar, a implementar respostas coerentes com as características específicas da realidade a que se pretende fazer face, pois o seu desconhecimento ou preterição conduzem à ineficácia.

Não se trata de dar cobertura a uma indiscriminada criminalização das atividades económicas irregulares, que não apenas seria ilegítima mas também disfuncional. Mas o que se diz é que tão-pouco cabe a «inibição», a «resistência», quando essas condutas atingem bens jurídicos essenciais. Entre o excesso e a abstenção *punitivistas*, entre «fugir *para* o direito penal» e «fugir *do* direito penal», ambas as opções incompatíveis com estratégias

---

[54] Assim, no que se segue, J.M. TERRADILLOS BASOCO, *IUS, Revista del Instituto de Ciências Jurídicas de Puebla*, 2015, cit., p. 15 e 16.

[55] Mas não "o" critério. Salienta-se o perigo de o direito penal ser utilizado pelo Estado como meio de apoio a uma concreta política, com o fim, não de tutelar um autêntico bem jurídico, mas de assegurar/reforçar a vigência de normas que previamente criou.

preventivas eficazes, está o equilíbrio que se assinalou entre as exigências de proteção de novos bens jurídicos e o da utilização do direito penal como *ultima ratio* da política social. Equilíbrio traduzido na proteção de bens jurídicos *relevantes* – um bem jurídico de grande importância e claramente identificado – perante lesões *insuportáveis* de que sejam objeto, de acordo com o *princípio da necessidade* da intervenção penal.[56]

5. Fundamento e sentido da aplicação de penas de prisão e de multa

O princípio da necessidade, na sua exigência de «máxima restrição» ou de «proibição de excesso» das penas, deve estar presente na conformação do sistema punitivo em matéria de delinquência económica. Como lapidarmente enunciou o nosso Tribunal Constitucional, «o recurso a meios penais está (...) constitucionalmente sujeito a limites consideráveis. Consistindo as penas, em geral, na privação ou sacrifício de determinados direitos (*maxime*, a privação da liberdade, no caso da prisão), as medidas penais só são constitucionalmente admissíveis quando sejam *necessárias, adequadas e proporcionadas* à proteção de determinado direito ou interesse constitucionalmente protegido (...), e só serão constitucionalmente exigíveis quando se trate de proteger um direito ou bem constitucional de primeira importância e essa proteção não possa ser suficiente e adequadamente garantida de outro modo».[57]

---

[56] Um princípio político-criminal – referido como «princípio do direito penal do bem jurídico» (JORGE DE FIGUEIREDO DIAS, *XXV anos de jurisprudência constitucional portuguesa*, 2009, cit., p. 31s) – que é atualmente também considerado um princípio constitucional implícito vinculante para aferir da legitimação da intervenção penal quanto à sua extensão e limites, logrando fundamento no disposto no artigo 18º, nº 2, da Constituição da República Portuguesa, quando dispõe que, em matéria de válida restrição de direitos, liberdades e garantias, deve esta restrição subordinar-se à exigência de «limitar-se ao necessário para salvaguarda de outros direitos ou interesses constitucionalmente protegidos». Cf., a este propósito, ANABELA MIRANDA RODRIGUES, *Revista de Legislação e Jurisprudência*, 2014, cit., p. 435 e 436.

[57] Acórdão nº 99/2002 (itálicos nossos). Quer-se aqui sublinhar a referência ao juízo sobre a proporcionalidade em sentido amplo das sanções penais, que é um juízo sobre o meio penal em concreto previsto para punir os factos e, assim, sobre a necessidade, adequação e proporcionalidade em sentido estrito da sanção penal em relação à gravidade do ataque ao bem jurídico protegido (tendo em conta a ilicitude do facto e a culpa do agente) e a necessidade de prevenir futuras violações desse bem jurídico, nisto se consubstanciando o juízo sobre a proporcionalidade em sentido amplo da sanção prevista em concreto no tipo legal. Sobre o

Esta é uma questão – a do sistema de penas a que se deve recorrer – que ganha, no domínio económico, uma particular centralidade. É um problema nevrálgico da criminalidade económica, cuja multiplicada danosidade social obriga à busca dos meios mais idóneos para a combater.

É inegável o relevo que aqui assume a criminologia e o conhecimento da realidade facilitado pela investigação empírica,[58] apesar de se alertar para o pouco desenvolvimento que esta investigação tem conhecido na área do crime económico.[59] Desde logo, não se pode desenhar um sistema de penas racional, que seja proporcional e eficaz – a obedecer àquela exigência de proibição de excesso referida –, sem tomar em consideração dois vetores criminológicos intimamente relacionados:[60] as caraterísticas gerais desta criminalidade e o contexto em que se desenvolve.

Há um consenso,[61] como já se referiu, em torno da pertença dos seus potenciais autores a um círculo social médio-alto dotado de um certo halo de prestígio e reconhecimento em vastos setores da sociedade assim como de um elevado nível de formação académica e técnica, que praticam os crimes no âmbito do exercício de uma profissão ou de uma estrutura mais

---

princípio da necessidade, nesta vertente, cf. ANABELA MIRANDA RODRIGUES, *Revista de Legislação e Jurisprudência*, 2014, cit., p. 439s.

[58] Sublinha este aspeto, de forma enfática, TAMARIT SUMALLA, «Política criminal com bases empíricas en España», *Política Criminal- Revista Electrónica Semestral de Políticas Públicas en Matérias Penales*, Universidad de Talca, Chile, 3, 2007, p. 2s. De destacar, neste âmbito, relevando a importância do saber empírico na elaboração das respostas punitivas, a monografia de J. L. DÍEZ RIPOLLÉS, *La racionalidade de las leyes penales. Prácyica y teoria*, Trotta, Madrid, 2003, *passim*.

[59] Destacam-se nesta denúncia, em Espanha, ADÁN NIETO MARTÍN, «Cumplimiento normativo, criminologia y responsabilidad penal de personas jurídicas», *Manual de cumplimiento penal en la empresa*, Adán Nieto Martín (dir.), Tirant, Valencia, 2014, p. 50s; e, na Alemanha, H. J. ALBRECHT, «Investigaciones sobre criminalidade económica en Europa: conceptos y comprobaciones empíricas», *Modernas tendências en la ciência del derecho penal y en la criminologia*, UNED, Madrid, 2001, cit., p. 276s.

[60] Nesta linha, também, JUAN CARLOS HORTAL IBARRA, «Crisis financeira, delincuencia de cuello blanco y respuesta penal: una aproximación criminológica y político-criminal», *Economia y derecho penal en Europa: una comparación entre las experiencias italiana y española. Actas del Congresso hispano-italiano de derecho penal económico*. Uiversità degli Studi di Milano, Milano, 29-30 de mayo de 2014, p. 184s.

[61] Sobre a questão, cf., entre nós, CLÁUDIA SANTOS, *O crime de colarinho branco (da origem do conceito e sua relevância criminológica à questão da desigualdade na administração da justiça penal)*, Boletim da Faculdade de Direito, Studia Iuridica, 56, 2001, p. 53s. e 125s. Vide, ainda ANABELA MIRANDA RODRIGUES, *RPCC*, Ano 26, 2016, p. 49s.

ou menos complexa como a de uma empresa. Fala-se de *respectable crime*,[62] numa clara evocação da definição de *white-collar crime* de Sutherland.

Para além disso, a obtenção de um lucro económico, direto ou indireto, funciona como um dos principais motivos para a prática de crimes e a racionalidade da atuação dos seus autores projeta-se na análise de custos (reputacionais e jurídicos)/benefícios que fazem, tendo em conta as possibilidades de ser descobertos, perseguidos e condenados. Por sua vez, a empresa é apontada como «foco de perigo»[63] que propicia(ria) o cometimento de crimes – que, isoladamente, a pessoa não cometeria –, nela se desenvolvendo um «espírito criminal de grupo» e uma «má cultura corporativa», que fomenta(ria) a aprendizagem de comportamentos criminais e de técnicas de neutralização da culpa. Teriam aqui um papel determinante a «irresponsabilidade penal organizada/estruturada/institucionalizada» e a «despersonalização», que garantem a sobrevivência da organização empresarial, em que o indivíduo percebe que é apenas «mais uma peça da engrenagem». E em que, nesta linha, o caminhar para a responsabilidade penal destes entes coletivos pode beneficiar, algo paradoxalmente, como não deixa de se sublinhar, precisamente os delinquentes de colarinho branco. Um perigo de que se vem fazendo eco[64] e detetado na experiência

---

[62] Cf. BAUCELLS LLADÓS, «Sistema de penas para el delinquente económico», *Cuadernos de Política Criminal (CPC)*, 106, 2012, p. 146; entre nós, também CLÁUDIA SANTOS, *O crime de colarinho branco*, cit., p. 149.

[63] Sobre a questão dos efeitos criminógenos ligados às grandes empresas, ADÁN NIETO MARTÍN, *La responsabilidad penal de las personas jurídicas: un modelo legislativo*, Iustel, Madrid, 2008, p. 37s. O Autor, sem prejuízo de acautelar os défices empíricos da análise, refere-se à existência de «indícios» que validariam «de forma razoável» o facto de as organizações determinarem «o comportamento daqueles que atuam no seu interior» (p. 40); mais recentemente, em *Manual de cumplimiento penal*, cit., depois de apreciar vários fatores que estarão na origem da *«má* cultura corporativa», refere-se a esta como «um conjunto de atitudes, técnicas de realização dos factos criminosos, de argumentos, incluindo terminologia utilizada pelos membros da organização dando-lhe nomes mais agradáveis (aforro fiscal, contabilidade criativa), que fomentam e justificam os comportamentos criminosos; concluindo, a propósito deste processo de socialização: «O contato com os valores do grupo fornece as razões necessárias (...) para deixar para trás os seus escrúpulos e cometer o crime» (p. 51 e 52).

[64] Assim, ADÁN NIETO MARTÍN, *La responsabilidad penal de las personas jurídicas*, cit., p. 48, nota 85. Assinala-se que, na experiência norte-americana, «48% dos processos contra pessoas jurídicas não se dirigem contra qualquer responsável individual», uma percentagem que é qualificada como «alarmante».

norte-americana. Onde, devido à responsabilidade penal das pessoas coletivas, a responsabilidade individual só aparece «em casos excecionais», o que «cria um sistema de privilégio para os crimes económicos», onde, adicionalmente, «se degrada o significado social da responsabilidade penal».

É neste cenário que surge a questão da especificidade do direito penal económico pelo que se refere ao sistema punitivo, que se apreciará em relação às pessoas singulares e pelo que diz respeito às penas principais de prisão e de multa.

Uma consideração impõe-se, desde logo: a possibilidade da previsão, ao nível legal, da pena de prisão como pena principal surge como inteiramente correta. O sistema sancionatório de penas principais, em que se conta, para além da prisão, com a multa, liga-se à própria dignidade penal das incriminações. Tanto basta para que, em tese, no plano abstrato, não se justifique afastar-se a pena de prisão e utilizar-se tão-só a pena de multa como pena principal. Só uma degradação, contraditória em si mesma, da dignidade penal das infrações penais económicas – de que já constituiu exemplo concreto, entre nós, o caso das infrações penais fiscais[65] – em confronto com as infrações penais gerais pode explicar a não inclusão no elenco das penas principais da pena de prisão. À dignidade penal indiscutível de atividades económicas ilícitas deve corresponder a dignidade das penas a aplicar. É testemunho do grau de eticização do direito penal económico a categoria e caraterísticas das penas que o servem.[66]

Aduz-se a favor de uma *desdignificação punitiva* – dito por outras palavras, do não recurso à pena de prisão – o facto de este tipo de criminalidade económica não causar um grande alarme social e os destinatários das incriminações não reclamarem punição. O que está em causa é que os destinatários das normas penais tendem a não se sentir como beneficiários da incriminação, mas antes como perseguidos por ela, e, consequentemente, também não como vítimas. Tendem, portanto, a desinteressar-se da punição e da sua eficácia.

---

[65] A este propósito, vide a evolução, entre nós, da previsão, para os crimes fiscais, da pena de prisão, traçada por J. CASALTA NABAIS, *Direito Fiscal*, Almedina, 9ª edição, 2016, p. 411s.
[66] Neste sentido, especificamente no âmbito do direito penal fiscal, ANABELA MIRANDA RODRIGUES, «Contributo para a fundamentação de um discurso punitivo em matéria penal fiscal», *Direito penal económico e europeu: textos doutrinários, Problemas gerais*. Volume II, Coimbra Editora, 1999, p. 481s.

Este ponto de vista deve ser contrariado.

Fundamento da intervenção penal (-punitiva) é a conservação ou o reforço da norma penal violada pelo agente como modelo de orientação do comportamento das pessoas na interação social. O que aqueles argumentos adiantados afinal revelam é que, nos novos domínios do direito penal, em que se inclui o direito penal económico, as normas incriminadoras de comportamentos e a sua respetiva punição têm exatamente a função particular de tornar visível para os seus destinatários o conhecimento das vantagens que a observância da norma conleva e, ao mesmo tempo, os reais quocientes de vitimação produzidos pelos comportamentos proibidos. Isto é, têm como função específica despertar as pessoas para as vantagens advindas do cumprimento de regras de atuação; numa palavra, contribuir para formar a consciência ética no âmbito daqueles novos domínios, na realização da função simbólica (positiva) do direito penal a que já se fez referência.

Com isto, quer-se chamar a atenção para o fato de que, se a punição não for *proporcional* à gravidade da criminalidade que está em causa, o direito penal económico presta-se à crítica, agora de conotação negativa, de que é meramente simbólico. Afastar a utilização da pena de prisão abriria a porta à objeção de que se estaria a «mascarar» com o recurso ao direito penal a incriminação de certas atividades económicas. Essa incriminação seria, agora por aqui, do lado da punição, simbólica, no sentido de que em vez de contribuir para afirmar valores, exerceria um efeito contrário, corrosivo da essencialidade desses mesmos valores e o direito penal constituir-se-ia em ideologia encobridora da realidade onde se manifestam esses comportamentos criminais. Acresce que deve tomar-se em conta que, neste caso, os destinatários das normas penais, os *white collars*, resistem, de uma forma particular, como já foi colocado em evidência, a identificar-se com o paradigma de autores. Pelo que aquelas devem ser adequadas a satisfazer a necessidade de neutralização da elevada capacidade de imunidade dos seus destinatários em relação às imposições normativas, em ordem a manter uma pressão punitiva eficaz sobre eles.

Desta forma, o nível legítimo e necessário de punição não afasta a utilização da pena mais gravosa do sistema punitivo: a pena de prisão. Considerar a sua previsão, ao nível legal, é, pelo contrário, indispensável. Esta será, em abstrato, uma pena proporcional, por ser, em relação a certos crimes, a única pena *eficaz* para responder à necessidade de promover a integração de valores no domínio económico-social.[67]

A aceitação do efeito preventivo da prisão no âmbito da criminalidade económica liga-se à teoria da escolha racional para explicar, em geral, este efeito das penas, tal como foi apresentado por *Bentham*. A teoria funda-se no pressuposto de que os agentes da prática deste tipo de crimes são atores racionais e têm conhecimento e capacidade para avaliar os custos e benefícios das atividades potencialmente criminosas que praticam segundo uma análise de risco[68] e foi desenvolvida pela ciência jurídica e económica. De acordo com os seus postulados, a teoria fornece o cálculo racional que indica «a sanção ótima» para a violação de normas, que é a escolhida segundo a «probabilidade de uma ofensa ser detetada e de o agressor ser condenado e o ganho esperado pela ofensa. A sanção ótima (...) resulta da grandeza do ganho esperado dividido pela probabilidade de ser detetado e condenado».[69] Partir deste pressuposto significa que os potenciais agentes da prática dos crimes percecionam as alterações de severidade das penas, sendo, pois, plausível admitir que a prisão, a mais grave das penas do sistema punitivo, tem efeitos preventivos. Embora o modelo de ator racional seja

---

[67] O que aqui está em causa é uma adequada proporção entre as sanções e os crimes a que se aplicam, quer quanto à censurabilidade e à ilicitude das condutas incriminadas, quer quanto às necessidades preventivas gerais, pressuposta já a necessidade da intervenção penal para proteger os bens jurídicos também já tidos como dignos dessa proteção penal. Sobre isto, ANABELA MIRANDA RODRIGUES, *Revista de Legislação e Jurisprudência*, Ano 143º, 2014, cit., p. 441 e 442.

[68] Como é sabido, a teoria preventiva da pena funda-se, na linha *benthamiana*, no pressuposto de que o conhecimento do tipo de comportamento que é proibido e a capacidade para avaliar os riscos que lhe estão associados permite às pessoas, numa certa medida, adequar o seu comportamento ao risco.

[69] A fórmula foi divulgada por Gary Becker, «Crime and punishment: na economic approach», *Journal of Political Economy*, 76, 1968, p. 207 e 208. A referência é de JACOB OBERG, «Is it 'essential' to imprison insider dealers to enforce insider dealing laws?», *Journal of Corporate Law Studies*, 14:1, April 2014, p. 116 e 117. Sobre o efeito preventivo das penas em geral, baseado na tese de que as pessoas são, em alguma medida, atores racionais e, assim, têm capacidade para avaliar os benefícios e as desvantagens de certos comportamentos e ajustá-los aos riscos, cf. R. PATERNOSTER, «How much do we really know about criminal deterrance?», *Journal of Criminal Law and Criminology*, 100, 2010, p. 782s. *Vide*, ainda, de uma ponto de vista abrangente, sobre o efeito preventivo do direito penal no domínio da criminalidade económica, J. BRAITHWAITE, «Diagnosis of white-collar crime prevention», *Criminology and Public Policy*, 9, 2010, p. 623 e 624.

contestado a partir de várias perspetivas, suscitando dúvidas e críticas,[70] aponta-se à teoria valor explicativo para o âmbito da criminalidade económica, desde logo enfatizando-se que os seus agentes, na prática dos crimes, são orientados pelos benefícios que deles esperam retirar.[71] Para além disso, o efeito preventivo da pena de prisão neste âmbito de criminalidade tem ainda a ver com a *censura pública* que aquela pena envolve e o tipo de agente que está em causa. Fala-se, a este propósito, de *vergonha social* que a prisão tem intrinsecamente ligada a si: o estatuto social deste criminoso é posto em causa pela pena de prisão, com um efeito preventivo aliás maior em relação a ele, afirma-se, porque a humilhação da prisão é mais sentida nas classes mais altas do que nas mais baixas.[72] Pode, além disso, ter o efeito de destruir uma carreira ou um potencial futuro na área económica.

---

[70] Dando conta de que, no domínio da criminalidade económica, as penas previstas não têm necessariamente efeito preventivo, porque o *conhecimento* do tipo de comportamento que é proibido e a *capacidade* para avaliar os riscos que lhe estão associados e que são pressupostos da atuação do ator racional não funcionam sempre nesse sentido preventivo, JACOB OBERG, *Journal of Corporate Law Studies*, cit., p. 123 e 124. Neste contexto, o Autor (por apelo a G.S. Moohr, «An Enron Lesson: the Modest Role of Criminal Law in Preventing Corporate Crime», *Florida Law Review*, 55, 2003, p. 957), refere-se ao caso *Enron*, como exemplo de que o modelo de ator racional não explica o crime económico (*op. cit.*, p. 123). Para além disso, o Autor salienta ainda (*op. cit.*, p. 124 e 125) como o ponto de vista de um ator racional pode levar a que o efeito preventivo das penas dependa menos da sua gravidade e mais da celeridade na sua aplicação: «se não há risco de deteção e perseguição penal, os potenciais criminosos racionalmente violam a lei» (p. 124). Isto é, os cálculos racionais que os potenciais agentes de crimes económicos fazem quanto às normas penais e penas aplicáveis são afetados pelos cálculos também racionais que fazem quanto à deteção e perseguição penal, pelo que não é a severidade das penas previstas que influi na eventual prática do crime. Quanto ao apelo à psicologia e às conclusões da investigação a este nível, adiantam também no sentido de qua a teoria da escolha racional não explica completamente o crime económico, designadamente devido às diferentes perceções psicológicas dos riscos por parte das pessoas, cf. R. PATERNOSTER, *Journal of Criminal Law and Criminology*, cit., p. 785s.

[71] No sentido expresso em texto, R. PATERNOSTER, *Journal of Criminal Law and Criminology*, cit., p. 819, que, embora expresse alguma prudência em relação à teoria da escolha racional, defende que os potenciais autores de crimes económicos são racionais na medida em que respondem a incentivos e desincentivos.

[72] Assim, JACOB OBERG, *Journal of Corporate Law Studies*, 14:1, April 2014, cit., p. 119s. Sobre a função expressiva e comunicacional da lei penal que aqui está subjacente, vide o artigo de referência de J. FEINBERG, «The expressive function of punishment», *The Monist* 49, 3, 1965, p. 397s. Neste contexto, pode ainda falar-se em *sensibilidade à pena* e *suscetibilidade de ser*

E nem se lhe podem assacar, por seu turno, os efeitos criminógenos que normalmente andam ligados à execução deste tipo de pena. Acresce, assim, que o requisitório contra as penas de prisão perde, por aqui, muita da sua força: os efeitos dessocializadores que se lhe apontam, na maior parte dos casos, não se fazem sentir ou são substancialmente minorados – o destinatário da pena ou é imune a esses efeitos ou é detentor de um maior potencial de *delabelling*.

Argumento que é válido, agora, quando no domínio da criminalidade económica se defende a utilização de penas em geral mais curtas de prisão,[73] e mesmo de penas curtas de prisão em sentido próprio e o *efeito de choque* que lhes está ligado (*short sharp shock*). Para além disso, fazendo apelo aos conceitos já referidos de sensibilidade à pena e de suscetibilidade de ser influenciado pela pena, também curtas penas de prisão são suscetíveis de produzir aumentos exponenciais de taxas de eficácia. Desde logo, os sentimentos de vergonha social experienciados por efeito da aplicação da pena de prisão são de tomar em consideração no efeito preventivo da pena de prisão; depois, já uma pena curta de prisão poderá ser modelada de acordo com a finalidade de socialização, tendo em conta o tipo de delinquentes a que é aplicada.

Está, assim, a chamar-se a atenção ainda para o fato de não assistir razão a quem defende que a prisão não cumpriria neste domínio de criminalidade

---

influenciado pela pena em abstrato, que, de resto, já em concreto devem ser fatores a considerar na determinação da medida (concreta) da pena.

[73] Assim, para o domínio fiscal, designadamente, cf. MANUEL DA COSTA ANDRADE, «A fraude fiscal – dez anos depois, ainda um 'crime de resultado cortado'?», *Direito Penal Económico e Europeu: Textos Doutrinários*, volume III, Coimbra Editora, 2009, p. 287, que aponta como regra que, no quadro das relações entre as infrações tributárias e as figuras homónimas da lei penal comum, estas são invariavelmente punidas com sanções relativamente mais pesadas. Dá-se como exemplo o caso do abuso de confiança tributário (punível com pena de prisão de um a cinco anos (artigo 105º e 106º, Regime Geral das Infrações Tributárias – RGIT), enquanto o Código Penal, no artigo 205º, nº 2, alínea b), eleva a punição da figura correspondente até à moldura penal de um a oito anos de prisão) e refere-se como «uma singularidade» a parificação das molduras penais da pena de prisão no caso da burla tributária, punida com pena de prisão de dois a oito anos, a mesma moldura penal com que no Código Penal se punem as formas mais graves de burla (artigo 218º). Também para o domínio fiscal, neste sentido, alargando-se as considerações à medida concreta da pena de prisão, ANABELA MIRANDA RODRIGUES, *Direito Penal Económico e Europeu: Textos Doutrinários*, volume I, cit., p. 484.

a finalidade de socialização. Entendida no sentido de evitar a prática de futuros crimes pelo condenado, não só a prevenção se pode alcançar de uma perspetiva negativa – a partir do efeito da privação da liberdade que a prisão em si mesma implica e da experiência negativa que acarreta –, mas também de uma perspetiva positiva,[74] com o desenvolvimento e aplicação de programas pensados e desenhados para esta tipologia criminal, permitindo, designadamente, contrariar as técnicas de neutralização da culpa utilizadas e a consequente desvalorização das consequências dos seus comportamento criminais por parte dos condenados.

Defende-se, assim, que, no direito penal económico, a previsão de penas de prisão, e que podem ser mais curtas do que no direito penal geral, alcançam os objetivos de prevenção, quer geral, quer especial.[75] E não se diga que, desta forma, se está a favorecer a aplicação de penas de substituição da prisão para esta categoria específica de delinquentes *white collar*. Pois que, nos temos gerais, sempre que na escolha entre uma pena de prisão e uma pena de substituição (e alternativa) o juiz entender que a execução da prisão se revela necessária do ponto de vista dos objetivos de prevenção, especial e geral, deverá aplicar a pena de prisão.

Importa, neste contexto, prevenir o perigo de uma previsão ou aplicação exasperadas da pena de prisão e de se cair na tentação punitivista de deslocar o eixo do sistema punitivo do facto e sua gravidade para o agente e suas caraterísticas. É verdade que estas não devem deixar de ser tidas em atenção na configuração do sistema punitivo, sob pena de este ser desconforme com a realidade. Mas o aspeto decisivo a dever ser considerado tem a ver com a gravidade do crime, expressa na ilicitude e culpa típicas, e as necessidades de prevenção exigíveis em função da proteção dos bens jurídicos em causa, com implicações ao nível da decisão de escolha da pena pelo legislador.

Neste contexto, apesar de se defender a eficácia da pena de prisão para realizar as finalidades de prevenção da punição, tal não significa que se vacile na convicção de que a pena de prisão é a *ultima ratio*. E, portanto,

---

[74] Neste sentido, JORGE DE FIGUEIREDO DIAS, «Sobre o fundamento, o sentido e a aplicação das penas em direito penal económico», *Direito Penal Económico e Europeu: Textos Doutrinários*, cit., volume I, p. 382 e 383.

[75] Na conclusão, quanto ao efeito preventivo da pena de prisão, no âmbito da criminalidade ligada à manipulação de mercado, especificamente para o crime de informação privilegiada, JACOB OBERG, *Journal of Corporate Law Studies*, cit., p. 137 e 138.

deve ser afastada, quando aquelas finalidades podem ser obtidas com a utilização da pena de *multa* como pena *principal*. Isto quer dizer que, para além da previsão da pena de multa como pena (principal) *autónoma* – no sentido de que é a *única* pena prevista para o crime –, ela deve ser, sempre que possível, prevista pelo legislador como pena (principal) *alternativa* à pena de prisão.

Na verdade, não cremos que as desconfianças que recaem sobre a pena de multa,[76] e que se prendem com a sua falta de eficácia preventiva e desadequação às exigências de justiça, justifiquem o seu abandono ou utilização apenas residual no domínio da criminalidade económica. Entende-se, antes, que a pena de multa tem aqui um lugar, tendo virtualidades para atingir o que constitui a principal motivação deste tipo de delinquentes: obter benefícios e ganhos económicos. Ponto é que o sistema de dias de multa, de acordo com o qual se constrói, torne possível respeitar a máxima de que «o crime não deve ser economicamente rentável»[77]. O sistema, na verdade, permite obter efeitos preventivos na aplicação da multa nos casos concretos. O que acontecerá por força de o quantitativo diário da multa ser fixado – em separado e autonomamente em relação às exigências preventivas, e também de culpa, que determinam os dias de multa –, tendo por referência exatamente e apenas a condição económico-financeira do agente. Na verdade, a valoração distinta destes dois aspetos – prevenção e culpa, de um lado, e condição económico-financeira, de outro – potencia, não só que a pena de multa tenha virtualidades para ser «justa» – adequa-se à culpa do agente e às necessidades de prevenção do caso –, mas também para atingir, como se pretende, a capacidade económico-financeira do agente. Ponto é que na *conformação da gravidade legal* (do sistema) da multa não se perca de vista a realidade a que ela visa responder: uma fenomenologia criminal de cariz económico e orientada pelo lucro.

Entretanto, isto levado em conta, a que acresce o facto de a eficácia preventiva da multa assentar em medida não despicienda numa lógica de

---

[76] Desde sempre alertando para o perigo de a multa poder ser «integrada no cálculo dos potenciais delinquentes», de modo a que os ganhos com o crime excedam os custos da pena ou os efeitos desta se repercutam sobre os operadores económicos situados a jusante, JORGE DE FIGUEIREDO DIAS, *Direito Penal Económico e Europeu: Textos Doutrinários*, cit., volume I, p. 386. Do nosso ponto de vista, este risco pode ser ultrapassado na grande maioria dos casos se for tido em conta na configuração abstrata da multa. Sobre isto, *vide* o que se segue, *infra*, em texto.
[77] Assim, JUAN CARLOS HORTAL IBARRA, *Economia y derecho penal en Europa*, cit., p. 210.

custos-benefícios, pode alimentar-se a tentação, em que não se deve cair, de criação de um qualquer modelo de pena de multa assente na proporcionalidade em relação aos benefícios económico-financeiros obtidos com a prática do crime[78] que colocaria em causa a «justiça» da pena, podendo dar azo a penas aterrorizantes, e atentatório do princípio da igualdade: entrar em linha de conta com o valor dessas vantagens, que pode ser igual em delinquentes que apresentem uma situação económica desigual, significa criar um fator de fixidez da multa, podendo frustrar a justiça pretendida com o sistema de dias de multa e de acordo com o qual ao mesmo crime, praticado com grau de culpa e de ilicitude equivalentes e exigindo a satisfação idêntica de necessidades preventivas, pode corresponder uma pena de multa diferente em função daquilo que for ditado pela situação económica e financeira do agente. Nem se compartilham, além disso, propostas que defendem a eliminação do limite máximo legal do quantitativo diário, o que sempre constituiria uma violação frontal do princípio da legalidade das penas.[79] Defende-se, antes, que, de acordo com uma adequação à realidade criminal em concreto em causa – o que pode acontecer em função de domínios específicos e determinados do direito penal económico –, deve elevar-se o limite máximo legal do quantitativo diário ou o (limite máximo legal do) número de dias de multa.

O que se vem dizendo não invalida que as exigências preventivas a satisfazer com a punição face à gravidade do crime justifiquem a opção pela previsão da pena de prisão como a pena adequada em certos casos. Mas isto não significa que se afaste do horizonte do legislador a pena de multa. Nestes casos, e até um determinado limiar de gravidade do crime em causa, esta deverá, então, ser prevista como pena (principal) *alternativa* à pena de prisão. Ao juiz caberá, em última análise, na aplicação concreta da pena, escolher a prisão, porque está perante um caso em que as finalidades preventivas não podem ser realizadas de forma adequada e suficiente com a pena de multa.

---

[78] Já é diferente o caso de se prever, como é o caso, por exemplo, nos crimes fiscais, que, para a determinação da medida concreta da pena se atenda, «sempre que possível, ao prejuízo causado pelo crime» (Artigo 13º, Regime Geral das Infrações Tributárias – RGIT).
[79] Referência a propostas neste sentido pode encontrar-se em JUAN CARLOS HORTAL IBARRA, *Economia y derecho penal en Europa*, cit., loc. cit. Cf., também, a propósito da «sanção ótima», numa lógica de custos-benefícios, JACOB OBERG, *Journal of Corporate Law Studies*, cit., p. 130 e 131.

Observa-se, entretanto, que as desconfianças que pesam sobre a eficácia da pena de multa têm levado à sua previsão em *escassíssimos* ou *escassos* casos, respetivamente, como pena (principal) *autónoma*[80] ou *alternativa*[81]. Verifica-se, aliás, que, o legislador optou, pelo contrário, em alguns setores, pela previsão *única* da pena de *prisão*. Tal acontece, designadamente no âmbito dos crimes fiscais, nos casos em que os crimes são puníveis com pena de prisão entre um e cinco anos e entre dois e oito anos. O maior rigor punitivo que aqui se observa, em confronto com as penas previstas para muitos crimes homólogos previstos contra o património, contra direitos patrimoniais e contra o setor público ou cooperativo agravados pela qualidade do agente, só se pode explicar em razão daquela desconfiança quanto à pena de multa. Na verdade, os crimes, nestes domínios, puníveis com pena de prisão «até cinco anos» são puníveis, em alternativa, com pena de multa até seiscentos dias.[82] A maneira de responder à eventual necessidade de, no caso referido dos crimes fiscais, se satisfazerem especiais necessidades de prevenção, geral e especial, teria sido, quanto à pena abstratamente aplicável para certos crimes, elevar-se o nível máximo dos dias de multa até seiscentos dias; permanecendo sempre em aberto, no caso concreto, a aplicação da pena de prisão, caso se mostrasse necessária, o que deve ser aferido pelo juiz nos termos gerais. A elevação do limite máximo da moldura da multa[83] de trezentos e sessenta para seiscentos dias, em alternativa a uma pena de prisão até cinco anos, no direito penal geral, nos domínios referidos, obedeceu a um propósito de estender o regime da alternatividade

---

[80] Cf., no domínio das infrações contra a economia e contra a saúde pública (Decreto-Lei nº 28/84, de 20 de janeiro), Artigo 34º,nº4, em que o crime de «violação de normas sobre declarações relativas a inquéritos, manifestos, regimes de preços ou movimento das empresas», quando cometido com negligência, é punido com pena de multa (de vinte a cem dias).
[81] Cf., no mesmo domínio referido na nota anterior, artigos 29º, nº 1, e 37º, nº 1, respetivamente, crime de «açambarcamento de adquirente» e «desvio de subvenção, subsídio ou crédito bonificado», punidos com pena de prisão (respetivamente, até seis meses e até dois anos) ou, em alternativa, com pena de multa (respetivamente, de cinquenta a cem dias, e não inferior a cem dias).
[82] Cf., designadamente, crimes de abuso de confiança (artigo 205º, nº 4, alínea a)), burla qualificada (artigo 218º, nº 1) ou crime de administração danosa (artigo 235º, nº 1), todos do Código Penal.
[83] Como é sabido, a regra geral está contida no artigo 47º, nº 1, do Código Penal, de acordo com a qual a pena de multa tem uma moldura legal prevista de dez a trezentos e sessenta dias, nos seus limites mínimo e máximo.

praticamente a toda a extensa fenomenologia da criminalidade patrimonial, com o intuito declarado e político-criminalmente justificado de fazer subir o peso percentual da multa no total das condenações penais. Não há razões para tal não ser um objetivo político-criminal válido em variados domínios específicos da criminalidade económica, onde se contêm de resto, em muitos casos, crimes correspondentes aos previstos no direito penal comum. O que o sistema ganharia, assim, em coerência e unidade sem perder eficácia preventiva, colocando em sintonia a punição destes crimes, induz a conclusão de que esta seria a via a dever ter sido seguida.[84] Nem se diga, a apoiar a exasperação punitiva em que a previsão da pena única de prisão cai, que a pena de prisão aplicada em medida não superior a cinco anos pode ser substituída por suspensão da execução da pena de prisão.[85] Com efeito, a valoração, *in casu*, que poderia levar à aplicação, em alternativa, da pena de multa (se esta estivesse prevista) não leva necessariamente à aplicação, em substituição, da suspensão da execução da pena de prisão. Antes, a aplicação de cada uma delas deve ser feita de acordo com a adequação das respetivas especificidades à melhor realização das finalidades preventivas em causa.

Proporcionalidade das penas, no sentido da adequação entre as penas e os factos a que se aplicam, implica a proporcionalidade da pena prevista em concreto no tipo legal em relação à gravidade do ataque ao bem jurídico, tendo em conta a ilicitude do fato e a culpa do agente, e a necessidade de prevenir futuras violações desse bem jurídico. Este juízo em que se consubstancia a valoração da proporcionalidade da pena escolhida pelo legislador, entretanto, tem já como pressuposta a necessidade da tutela penal para proteger o bem jurídico na base da concreta incriminação e, assim, um juízo sobre a legitimidade da incriminação. Pelo que se refere ao sistema punitivo, não se justifica, pois, que se fale de autonomia, mas tão-só de *especificidade* do sistema punitivo em certos setores do direito penal económico em relação ao direito penal geral, já que os princípios em que assentam são comuns.

---

[84] É, assim, incompreensível que o limite de dias de multa para as pessoas singulares definido pelo legislador, em termos gerais, no artigo 12º, nº 1, RGIT – exatamente, multa de dez até seiscentos dias –, não seja por ele utilizado em qualquer tipo legal de crime (veja-se, apenas, numa referência questionável, o caso da suspensão da execução da pena de prisão, nos termos do artigo 14º, nº 1, RGIT).

[85] Cf. artigo 50º, nº 1, do Código Penal; para o domínio dos crimes fiscais, artigo 14º, RGIT.

Neste sentido, pode falar-se de uma convergência de perspetivas, sendo as mesmas as penas e os mesmos os fins que elas servem. As particularidades a existir corresponderão às da própria ordem legal de valores que se querem proteger e à realidade em que se visa intervir. Designadamente, e como se analisou, a previsão de penas de prisão menos graves para crimes económicos em relação a crimes correspondentes do direito penal comum e de penas curtas de prisão; ou a previsão da pena de multa em níveis de moldura legal que seja adequada a responder ao tipo de criminalidade, económica, que está em causa combater. Estes serão alguns dos aspetos específicos a ter em conta na configuração de um sistema punitivo no âmbito económico com virtualidades para, pressuposto um direito penal (económico) *legítimo*, satisfazer a necessidade de proteção dos bens jurídicos que com ele se tem em vista proteger, ou seja, as finalidades de *prevenção*.

Parte II
A autorregulação regulada.
Corporate Governance e Compliance

1. **Introdução**

Contrapartida das políticas económicas neoliberais e da desregulação, a que se ligaram os escândalos financeiros que a supervisão não conseguiu evitar, foram propostas de *autorregulação regulada*, que se vieram a consubstanciar nas orientações de *corporate governance* e de *compliance*.

O imperativo desregulador aliado à escalada de desenvolvimento tecnológico, que permite um fluxo de informação em tempo real num espaço sem fronteiras, criou o que *Zigmunt Bauman* chamou de «proprietários ausentes»: os reais proprietários das empresas (acionistas), que investem os seus recursos em atividades económicas sobre as quais «não têm controlo administrativo e operacional direto e localizado».[86] O conflito de interesses e a separação jurídica entre «propriedade» e «gestão» da empresa gerou os primeiros debates sobre *corporate governance*, isto é, «o sistema mediante

---

[86] Zygmunt Bauman, *Globalização: as consequências humanas* (tradução de Marcus Penchel), Rio de Janeiro, Jorge Zahar, 1999, p. 18. O Autor acrescenta ainda (*ibidem*), significativamente, que, para os investidores da era da globalização, «os únicos limites que se poderiam fazer sentir e respeitar seriam aqueles impostos administrativamente sobre o livre movimento do capital e do dinheiro».

o qual as empresas devem ser dirigidas e controladas»[87]. E que tem no recurso ao mecanismo de *compliance* um seu pilar garantidor. Sendo um dos elementos essenciais do *capitalismo regulatório*,[88] surge como resposta inovadora, uma estratégia de controlo do comportamento empresarial desviado para garantir a aplicação das múltiplas disposições que regulam a sua atividade.

Os comportamentos económicos ou financeiros protagonizados por grandes empresas ou entidades bancárias puseram e continuam a por à prova as estratégias de respostas ensaiadas. E que passam outra vez, mesmo quando se afastam da *hard law*, por chamar a intervenção do Estado, de acordo com um novo modelo de intervencionismo público – um «intervencionismo à distância», como já foi apelidado[89] – baseado na cooperação entre poderes públicos, sujeitos regulados e outros agentes sociais.[90] Neste novo modelo de autorregulação – uma técnica de intervenção na atividade económica de autorregulação regulada[91] –, não se trata mais da ausência do Estado, mas sim de garantir a sua presença eficaz, através de uma forma de controlo social mais sofisticada.

---

[87] Assim, ADÁN NIETO MARTÍN, «El programa político-criminal del 'corporate governance'», *Revista de Derecho y Proceso Penal*, nº 11, Editorial Aranzadi, Navarra, 2004, p. 445s (p. 448).

[88] A referência é ao *regulatory capitalism*, a expressão com que John Braithwaite cunhou o novo liberalismo regulador no seu, já hoje um clássico, livro de 2008 com o mesmo nome, *The regulatory capitalismo. How it works, ideas for making it work better*, Edward Elger Publishing, 2008, Oxford. Cf., também, do Autor, «The new regulatory state and the transformation of criminology», *British Journal of Criminology*, vol. 40, nº 2, 2000, p. 197s.

[89] Assim, ADÁN NIETO MARTÍN, *Politica criminal*, 2008, cit, p. 4

[90] Sobre esta regulação, como *tripartism* ou *responsive regulation*, cf. IAN AYRES/ JOHN BRAITHWAITE, *Responsive Regulation:transcending the deregulation debate*, New York: Oxford Universiry Press, 1992, cit., p. 55s.

[91] Sobre a questão, cf. LUIS ARROYO JIMÉNES, «Introducción a la autorregulación», *Autorregulación y sanciones*, (org. Luis Arroyo Jiménes, Adán Nieto Martín), Navarra. Arazandi, 2. ed., 2015, p. 27s.; Ivó COCA VILA, «Programas de cumplimiento como forma de autorregulación?», *Criminalidad de empresa y compliance: prevención y reacciones corporativas* (Jesús-Maria Silva Sánchez, dir; Raquel Montaner Fernández, coord), Atelier, 2013, p. 43 s; v., ainda, ULRICH BIEBER, «Programas de compliance no direito penal empresarial: um novo conceito para o controle de criminalidade económica» (tradução de Eduardo Saad-Diniz), *Direito penal económico: estudos em Homenagem aos 75 Anos do Professor Klaus Tiedemann*, William Terra Oliveira, Pedro ferreira leite Neto Tiago Sintra Essado, Eduardo Saad-Diniz (orgs.), São Paulo, LiberArs, 2013, p. 291.

Ao mesmo tempo, com este movimento, é, de novo, a necessidade de *intervenção*, designadamente penal, que se faz ouvir.[92] A crise de 2008, para além de ter evidenciado o perigo que conleva a sua gestão pelos agentes que operam no setor onde ela se desencadeou («converter o lobo em cordeiro»[93]), mostrou a importância da regulação, nacional e internacional, do sistema económico-financeiro. A quase rutura das economias do *primeiro mundo*, conjuntamente com uma profunda perda de confiança nas entidades bancárias como principais intermediárias do sistema financeiro, puseram em evidência a necessidade de proteger a integridade do próprio mercado e a estabilidade do sistema económico. Entretanto, nesta estratégia, que, para além do desenvolvimento da governação societária[94] (*corporate governance*), envolve a adoção de programas de cumprimento (*compliance programs*), o direito penal é o «último convidado».[95] O objetivo do estabelecimento de medidas de organização interna de uma empresa não é o de criar um programa normativo que favoreça a sua atividade «no fio da navalha» e lhe permita fugir à responsabilidade penal, mas sim delimitar o perímetro dos comportamentos proibidos, de forma que possam ser prevenidas e reprimidas práticas contrárias às normas definidas.

As raízes da estratégia de autorregulação regulada, entretanto, são um pouco mais longas. A sua origem pode ir buscar-se já aos anos cinquenta do século anterior e à dificuldade evidenciada pelas agências reguladoras norte-americanas em fiscalizar a atividade das empresas, quer a nível interno quer no exterior. Deve-se a *John Braithwaite* ter desenvolvido o conceito de *enforced-self-regulation*, posteriormente aprofundado conjuntamente

---

[92] Nesta linha, JORGE DE FIGUEIREDO DIAS, *Revista Portuguesa de Ciência Criminal*, 2012, cit., p. 521s. Vide, também, ANABELA MIRANDA RODRIGUES, *Revista Portuguesa de Ciência Criminal*, 2016, cit., p. 50s.

[93] Nestes termos, Gunter Heine, «La ciência del derecho penal ante las tareas del futuro», Eser/Hassemer/Burkhardt (coords.), *La Ciencia del derecho penal ante el nuevo milénio* (coord. da versão espanhola: Francisco Munoz Conde), Valencia, 2004, p. 429 (*apud* JORGE DE FIGUEIREDO DIAS, *Revista Portuguesa de Ciência Criminal*, 2012, cit., p. 527).

[94] Na literatura jurídica brasileira utiliza-se a expressão "governança corporativa".

[95] ADÁN NIETO MARTÍN, «Problemas fundamentales del cumplimiento normativo en el derecho penal», *Compliance y teoría del derecho penal*, Lothar kuhlen, Juan Pablo Montiel, E. Íñigo Ortiz De Urbina Gimeno (eds.), Marcial Pons, 2013, p. 26.

juntamente com *Ian Ayres*.[96] É particularmente expressiva a imagem que aquele Autor utiliza, do barco e do seu piloto e remadores,[97] para ilustrar a diferença entre a função do Estado liberal, *keynesiano* e regulador na sua feição mais recente, pelo que se refere ao controlo da atividade económica protagonizada pelas empresas: no novo Estado regulador, este dirige a embarcação e a sociedade rema, enquanto o Estado liberal deixava a esta as duas tarefas e o Estado interventor que se lhe seguiu se encarregava principalmente de remar, sendo menos eficiente a dirigir a embarcação.

Como a doutrina comummente vem destacando, o que define a autorregulação regulada propriamente dita é a subordinação da autorregulação da entidade privada aos fins e interesses estaduais, podendo identificar-se como seus modelos a *delegated self-regulation*, a *devolved self-regulation* e a *cooperative self-regulation*.[98]

Os aspetos que confluem na necessidade de inovação regulatória no atual cenário em que se desenvolve a atividade económica residem fundamentalmente na estrutura, por vezes altamente complexa, de organização empresarial e na diluição de responsabilidades que favorece.[99] O

---

[96] Cf. JOHN BRAITHWAITE, «Enforced self-regulation: a new strategy for corporate crime control», 1951, reeditada por *Michigan Law Review*, vol. 80, no.7, 1982, p. 1466-1507; e IAN AYRES/ JOHN BRAITHWAITE, *Responsive regulation*, cit., p.101s. Neste modelo, a tarefa de *enforcement* caberia à empresa, assegurada mediante um órgão interno, que assumiria a responsabilidade de garantir o respeito pelos códigos ético e de conduta aprovados; ao Estado competiria responsabilizar a empresa ou os seus órgãos pelas condutas ilícitas, eventualmente penais, praticadas.

[97] JOHN BRAITHWAITE, *British Journal of Criminology*, vol. 40, 2000, cit., p. 223.

[98] Sobre os modelos de autorregulação regulada propriamente dita, vide Ivó COCA VILA, *Criminalidad de empresa y compliance*, cit, p. 51. O Autor refere ainda modelos mistos de autorregulação: a metarregulação e a corregulação ou autorregulação pura (cf. p. 48s).

[99] Assim, MARK PIETH/ RADHA IVORY, «Emergence and convergence: corporate criminal liability principles in overview», *Corporate criminal liability: emergence, convergence and risk* (Mark Pieth; Radha Ivory, ed.), Rotterdam, Springer, 2011, p. 3s. (p. 4 e 5). Referia-se já, na década de noventa do século anterior, à diluição de responsabilidades no âmbito societário, dada não só a dispersão de atividades operacionais, de posse de informações e de poder de decisão bem como devido à descentralização e diferenciação funcional de competências, GUNTER HEINE, «Modelos de responsabilidade penal de las empresas: evolución internacional y consecuencias nacionales», *Annuario de Derecho Penal*, Vol. 96, 1996, p. 19s (p. 22). Gómez-Jara Díez reforça esta ideia, falando em «irresponsabilidade organizada» (CARLOS GÓMEZ-JARA DÍEZ, *A responsabilidade penal da pessoa jurídica. Teoria do crime para pessoas jurídicas*, São Paulo, Atlas, 2015, p. XI) e nas empresas como «caixas negras», impenetráveis a intervenção externas, no caso, estadual

controlo da atividade da empresa e, assim, a prevenção, investigação, perseguição e repressão de condutas ilícitas, também da prática de crimes, por parte do Estado, estão, por isso, muito mais dificultados. Torna-se particularmente atrativa a transferência para as empresas destas competências que cabiam aos Estados e que estes agora terciarizam.[100] Por seu turno, e dado o contexto de riscos exponenciais em que desenvolvem a sua atividade, as empresas estão interessadas em evitar o *efeito boomerang*[101] dos riscos que produzem e, portanto, elas próprias interessadas em, desde logo, minimizarem a sua ocorrência. Emerge, pois, uma certa convergência no objetivo de as empresas procederam à regulação da sua atividade, que o Estado incentiva sem abrir totalmente mão dessa mesma regulação.

Assim, é o Estado que define as regras da nova forma de regulação, que incluem diversas possibilidades normativas de pressão. Nestes termos,[102] o direito administrativo pode exigir que as empresas que desejem contratar entre si possuam programas de cumprimento, como há largo tempo já acontece, por exemplo, em matéria anticorrupção ou em relação a riscos laborais. Ou, noutra linha, que utilizem o sistema de «listas negras» e que excluam da contratação as empresas que tenham sido condenadas pela prática de certos crimes, designadamente por corrupção. Também pode ser eficaz a pressão do direito das sociedades. Neste caso, os administradores que não impulsionem a adoção de programas de cumprimento serão gestores negligentes, pelo que, em caso de perdas para a empresa derivadas da imposição de sanções ou do cometimento de ilícitos, podem ser passíveis de responsabilidade no âmbito societário.

(cf. CARLOS GÓMEZ-JARA DIÉZ, «Fundamentos de la responsabilidade penal de las personas jurídicas», *Tratado de responsabilidade penal de las personas jurídicas. Adaptada a la Ley 1/2015, de 30 de marzo, por la que se modifica el Código Penal* (Miguel Bajo Fernández, Bernardo José Feijoo Sánchez, Carlos Gómez-Jara Diéz, org.), Civitas, 2. ed. 2016, p. 89s., 92s.).

[100] Refere-se à terciarização da competência de fiscalização e controlo, que era institucionalmente exercida pelos Estados em exclusividade, ANDREI ZENKNER SCHMIDT, *Direito penal econômico*, cit., p. 181 e 182.

[101] Cf. ULRICH BECK, *La sociedad del riesgo: hacia una nueva modernidad*, Paidós, 1998, p. 41s. No caso, trata-se de as empresas poderem ser responsabilizadas pela prática de ilícitos, também penais, que ocorrem no ambiente empresarial que os facilita.

[102] Cf. ADÁN NIETO MARTÍN, «Introducción», *El derecho penal económico en la era compliance*, cit., p. 14.

Acontece que as regras desta regulação inovadora podem ir mais além. E o direito penal pode estar no fim do caminho. A eventualidade de aplicação de sanções penais é uma forma de *incentivar* os dirigentes das empresas a estabeleceram mecanismos de controlo eficazes. A *motivação* para assegurar o cumprimento devido das regras de controlo resulta, desta forma, de uma técnica do «pau e da cenoura» (*carrot and stick approach*)[103], em que as empresas valorizam de sobremaneira a possibilidade de isenção ou de atenuação da sua responsabilidade penal, como hoje já é o caso no direito espanhol.[104]

2. *Corporate Governance*

É reconhecido que o aparecimento das sociedades mercantis na Inglaterra de finais do século XVII suscitou os primeiros motivos de preocupação com a sua gestão. A *Bubble Act*, de 1720, proibiu durante algumas décadas a criação de novas entidades no setor, como consequência das fraudes massivas ocorridas com a *South Sea Company*.[105] Mas a discussão científica sobre a *corporate governance* teve verdadeiramente início nos Estados Unidos da América, em 1932, no longo rescaldo da Grande Depressão de 1929, com a publicação do artigo de *Adolph Berle* e *Gardiner Means*, sugestivamente intitulado «*The modern corporation and private property*».[106] As maiores preocupações, entretanto, aconteceram após os mega escândalos já referidos, que ocorreram com grandes companhias. Na Europa, o sinal de alerta em torno das questões de *corporate governance* foi dado no Reino Unido, em 1992, com o *Relatório Cadbury*, cuja publicação aconteceu como

---

[103] Cf. JOACHIM VOGEL, «Responsabilidad penal de los empresarios y las empresas», *La política criminal en Europa*, 2004, cit., p. 129s (designadamente, p. 130 e 140); e RICHARD STEINBERG, *Governance, risk management and compliance: it can't happen to us – avoiding corporate disaster while driving success*, New Jersey, John Wiley and Sons, 2011, p. 23s.
[104] Cf. Artigo 31 bis, nº 2 e 4, do Código Penal Espanhol.
[105] A referência é de ADÁN NIETO MARTÍN, *Política Criminal*, 2008, cit., p. 1 e 2 e bibliografia aí citada.
[106] ADOLF AUGUSTUS BERLE, GARDINER MEANS, Transaction Publishers, 1932. A segunda edição, revista, data de 1967. Foi na sua base que se elaboraram a *Securities Act* de 1933 e a *Securities* Exchange *Act* de 1934. Hoje, as principais orientações em matéria de governação societária são retiradas da *Sarbanes-Oxley Act*, de 2002, já referida, e de regulamentos emanados pela *SEC, NYSE* e *NASDAQ*. Sobre isto, cf. DÉBORA MOTTA CARDOSO, *Criminal compliance na perspetiva da lei de lavagem de dinheiro*, São Paulo, LiberArs, 2015, p. 39.

reação aos casos *BCCI* e *Mirror Group*.[107] Se se quiser, de uma forma abreviada, podemos apontar três vetores em função dos quais se explica o conceito

---

[107] O Reino Unido conta com um código de *corporate governance*, *The UK Corporate Governance Code* (abril de 2016), da responsabilidade do *Financial Reporting Council*. Este organismo apresentou, em dezembro de 2017, uma proposta de revisão do Código, que esteve em discussão pública até 28 de fevereiro de 2018, continuando ainda em vigor, ao momento, o Código de 2016. Na Alemanha, o código de *corporate governance*, *Der Deutsche Corporate Governance Kodex*, foi elaborado por uma comissão, a *Regierungskomission Deutscher Corporate Governance Kodex*, que o revê pelo menos uma vez por ano, tendo em vista atualizá-lo às melhores práticas de boa governação. A última versão do *Kodex* contém as alterações introduzidas a 7 de fevereiro de 2017 no plenário da reunião da *Regierungskomission*, e publicadas a 24 de abril. Em Portugal, a atenção em relação à governação societária (na literatura portuguesa especializada, também se utiliza, em muitos casos, a terminologia «governo das sociedades») manifestou-se com a aprovação pela *CMVM*, em 1999, de 17 *Recomendações* relativas a regras de conduta a observar nesse domínio pelas empresas admitidas em bolsa. O objetivo era ajustar a legislação portuguesa às *Recomendações* da Comissão Europeia e ao movimento internacional de *corporate governance*. Entretanto, as *Recomendações* da *CMVM* evoluíram, em 2007, para o primeiro *Código de Governo das Sociedades da CMVM* (revisto em 2010 e 2013). A vigência deste Código cessou em 2017, tendo sido substituído pelo *Código de Governo das Sociedades IPCG 2018*, que entrou em vigor em 1 de janeiro de 2018, o primeiro código de autorregulação em Portugal. O Código assenta no princípio *comply or explain*, de acordo com o qual «as empresas devem, por um lado, refletir sobre a adequação e a pertinência de cada recomendação à sua realidade e às suas circunstâncias, e, por outro lado, expor fundamentadamente as suas opções e matéria de governo da sociedade, designadamente à luz dos princípios exarados no Código» (cf. Nota sobre Interpretação do Código de Governo das Sociedades IPCG 2018. Nota nº 1 – Comissão de Acompanhamento e Monitorização do Código de Governo das Sociedades 2018- *CAM*). O *Instituto Português de Corporate Governance (IPCG)* teve a responsabilidade da elaboração do Código, que foi dotado de um sistema de monitorização, acompanhamento e revisão, nos termos do *Protocolo* estabelecido com a *Associação de Empresas Emitentes de Valores Cotados em Mercado (AEM)*, assinado em 23 de fevereiro de 2018. Assinale-se que, logo em 2006, o Código das Sociedades Comerciais foi alterado (pelo DL nº 76 – A/2006, de 29-03), refletindo as mudanças em curso entre nós e passando a prever a existência de três modelos opcionais de governação societária nas sociedades anónimas (cf. Artigo 278º, do Código das Sociedades Comerciais). Os Autores referem, assim, atualmente, a existência de três modelos opcionais: o modelo latino ou monista (simples e reforçado); o modelo germânico ou dualista (muito alterado com a Reforma de 2006) e o modelo anglo-saxónico (que só passou a existir com a Reforma de 2006). *Vide*, sobre isto, designadamente, Jorge Coutinho de Abreu, *Curso de Direito Comercial, das Sociedades*, vol. II, 5ª ed., Almedina, 2015, p. 52s; Alexandre de Soveral Martins, Anotação Artigo 278º, *Código das Sociedades Comerciais em comentário*, coord. J. Coutinho de Abreu, vol. V, 2ª ed., Almedina, 2018; Pedro Maia, «Tipos de sociedades comerciais», *Estudos de direito das sociedades*, 12ª ed., Almedina, 2015, p. 27s.

de governação societária e o seu desenvolvimento atual: a sequência da escalada de fraudes empresariais de enorme envergadura, a necessidade de boa gestão nas sociedades em que os acionistas investem e que se torna necessário proteger e a americanização e consequente harmonização do direito do mundo dos negócios.[108]

Com a questão da *boa* governação societária, trata-se de saber como controlar eficazmente a atuação das sociedades, tendo em vista resolver – sem criar uma separação estrita entre eles – o conflito de interesses entre administradores e *shareholders*, por um lado,[109] e as empresas e os *stakeholders*, por outro. Para prevenir, num caso, a gestão negligente, fraudulenta ou desalinhada com os interesses dos acionistas; e, noutro, a busca do lucro à margem da salvaguarda dos interesses públicos relevantes em causa com a atividade empresarial. Aquele primeiro aspeto, ligado à separação entre gestão e propriedade da empresa, dando azo à maximização dos interesses dos gestores em detrimento do retorno dos acionistas. O último aspeto – ligado à «responsabilidade social societária» em sentido amplo –, de tanto maior relevo quanto importantes parcelas da vida dos cidadãos podem depender da atividade de grandes empresas, tal como aconteceu, desde cedo, nos Estados Unidos ou em países anglo-saxónicos, com os domínios dos transportes, da saúde ou relativamente à própria condição de assalariado.

O conceito de *corporate governance* é difícil de definir. É poliédrico e complexo, respondendo a várias preocupações, mas onde avulta o *alinhamento* de interesses em conflito. Pode falar-se em «desordem» conceptual, dependendo das várias perspetivas que se privilegiam[110]: «a gestão eficiente

---

[108] Adán Nieto Martín; «Americanización o europeización del Derecho Penal económico?», *Revista Penal*, 2007, p. 120s (p. 131s.).

[109] Cf. supra, a referência aos «proprietários ausentes», feita por *Zigmunt Bauman*.

[110] As referências são fornecidas, com mais pormenor, pelo Instituto Português de Corporate Governance *(IPCG)*, *Conceitos Básicos*. De relevo são os grupos de interesses em função dos quais se ordenam quatro definições de governação societária referidos por Leandro Sarcedo, *Compliance e responsabilidade penal da pessoa jurídica: construção de um novo modelo de imputação baseado na culpabilidade corporativa*, LiberArs, São Paulo, 2016, p. 43 (apelando a José Paschoal Rosseti e Adriana Andrade, *Governança corporativa: fundamentos, desenvolvimentos e tendências*, 5ª edição, São Paulo, Atlas, 2011): «guardiã de direitos das partes com interesses em jogo nas empresas»; «sistema de relações pelo qual as sociedades são dirigidas e controladas»; «estrutura de poder que se observa no interior das corporações»; e «sistema normativo que rege as relações internas e externas das companhias».

das empresas utilizando mecanismos de incentivo»; «as formas como os financiadores das empresas garantem que recebem o retorno dos seus investimentos»; «a relação da empresa com os seus acionistas, ou, de uma forma mais alargada, com a sociedade em geral; «a promoção da justiça, da transparência e da responsabilidade das empresas». Na definição da OCDE,[111] «é o sistema através do qual as organizações empresariais são dirigidas e controladas. A estrutura da *corporate governance* especifica a distribuição dos direitos e das responsabilidades ao longo dos diferentes participantes na empresa – o conselho de administração, os gestores, os acionistas e outros intervenientes – e dita as regras e os procedimentos para a tomada de decisões nas questões empresariais. Ao fazê-lo, fornece também a estrutura através da qual a empresa estabelece os seus objetivos e as formas de atingi-los e monitorizar a sua performance».

A análise da função de gestão e de controlo constitui um dos mais importantes temas de investigação em ordem à definição de diferentes modelos de governação societária,[112] cuja identidade diferenciadora tem a ver com a estrutura da propriedade e controlo e o papel dos acionistas, maioritários e minoritários, e gestores da empresa. De acordo com o modelo de governação societária instituído, os seus mecanismos organizacionais e correspondentes procedimentos de decisão, intervenção e controlo de direitos visam resolver os conflitos de interesses entre os vários grupos relacionados com a empresa, aspetos diretamente relacionados com o *dilema da agência.*[113]

---

[111] Em abril de 1999 (*vide* IPCG), tendo os princípios sido revistos, pela última vez, em 2015.
[112] Existem vários modelos de governação societária, dado que as empresas operam em diferentes contextos de negócios. A literatura especializada aponta dois modelos principais, referindo-se ao modelo anglo-saxónico (*one tier model*), originário dos Estados-Unidos e alargado ao Reino Unido, e ao continental (*double tier model*), de acordo com as caraterísticas dos países latinos e Alemanha. Vide, sobre isto, designadamente JORGE COUTINHO DE ABREU, *Governação das sociedades comerciais*, 2ª ed. Almedina, 2010, p. 35s; PAULO CÂMARA, «Os modelos de governo das sociedades anónimas», *A reforma do Código das sociedades comerciais*, Almedina, 2007, p. 197s.
[113] A referência é à teoria da agência e ao problema do principal-agente, que surge ligado ao conflito de interesses entre principais e agentes e oriundo da assimetria de informação, gerando custos de agência. Sobre o tema, vide o artigo seminal de MICHAEL C. JENSEN and WILLIAM H. MECKLING, «Theory of the firm: managerial behaviour, agency costs and ownership structure», *Journal of Financial Economics* 3 (1976), p. 305-360. Vide, também, DÉBORA MOTTA CARDOSO, *Criminal compliance*, cit, p. 43s; e, entre nós, PEDRO MAIA, «Corporate

No contexto de autorregulação em que as empresas passam a desenvolver a sua atividade, refere-se, em geral,[114] que o conceito de *corporate governance* foi sendo desenvolvido por forma a que todas as práticas empresariais se orientassem de acordo com os princípios de *fairness*, ou necessidade de justiça e equidade relativamente aos acionistas minoritários, garantindo-lhes participação equitativa nos resultados da empresa e participação efetiva nas assembleias; *disclosure*, que se refere à necessidade de transparência nas informações societárias, designadamente quanto às de grande relevância, sendo como tal consideradas as que se refletem no resultado da empresa ou as que envolvem risco ou oportunidades de negócio; *accountability*, que tem a ver com a necessidade de prestação de contas de forma responsável com base nas melhores técnicas de contabilidade e de auditoria; e *compliance*, ligado à conformidade e ao cumprimento de normas reguladoras, expressas nos estatutos sociais, nos regulamentos internos e nos instrumentos normativos aplicáveis às empresas e à sua atividade.

Por referência ao modelo norte-americano, apontam-se três pilares em que se deve sustentar a gestão eficaz das empresas: *governance, risk management* e *compliance (GRC)*.[115] A sua origem entronca nos *Principles of Corporate Governance* enunciados pelo *American Law Institute*,[116] em que se inspiraram a generalidade das regras de boa governação desenvolvidas.

Independentemente das várias abordagens sobre a questão, há aspetos comuns que identificam a boa governação societária. Com efeito,[117] o bom governo tem a ver, não só com a necessidade de as empresas desenvolverem regras de comportamento técnicas, tendo em vista o cumprimento das normas legais – ou seja, *códigos técnicos* de bom governo –, mas também

---

Governance em Portugal», *Questões de direito societário em Portugal e no Brasil* (coord. Fábio Ulhoa Coelho/Maria de Fátima Ribeiro), Almedina, 2012, p. 43s.

[114] Cf. LEANDRO SARCEDO, *Compliance e responsabilidade penal*, cit., p. 45 (apud José Paschoal Rosseti e Adriana Andrade (cf., supra, nota 110); PEDRO PODBOI ADACHI, «Governança, risco e compliance nas empresas familiares», *Tendências em governança corporativa e compliance*, Eduardo Saad-Diniz, Pedro Podboi Adachi e Juliana Oliveira Domingues (organizadores), LiberArs, São Paulo, 2016, p. 74s.

[115] Assim, na literatura norte-americana, o modelo é conhecido sob o acrónimo *GRC*. Cf. RICHARD STEINBERG, *Governance, Risk Management and Compliance*, cit., p. 1s.

[116] V. *American Law Institute, Principles of Corporate Governance*, 2.01.

[117] Sobre o que se segue, ADÁN NIETO MARTÍN, *Compliance y teoria del derecho penal*, cit., p. 24s; id, *Politica Criminal*, 2008, cit, p. 5s.

com a exigência de que promovam valores éticos que orientem a sua atividade, imprimindo uma *cultura ética* empresarial, que, aliás, está na base do cumprimento normativo. Os padrões de boa gestão de uma empresa não se devem bastar com a criação de uma *cultura de legalidade*. Está também em causa a existência de *códigos éticos* de bom governo, que são uma ferramenta essencial para que se possa garantir que nas empresas é implantada uma cultura de valores, assumida por todos, em ordem a sedimentar a legalidade e a fomentar o cumprimento normativo. As organizações internacionais, desde as *Nações Unidas* até à *OCDE*, impulsionaram o desenvolvimento de uma cultura ética empresarial como uma forma de *soft law* que, nos códigos de última geração, vai para além de normas programáticas e adota normas que preveem sanções disciplinares pela violação de certas regras. No âmbito da empresa, é imprescindível criar, para além de uma cultura de legalidade, uma cultura ética, para que os programas de cumprimento possam ser eficazes.[118]

Como um elemento essencial do conceito de governação societária surge a *avaliação de riscos*. O risco empresarial pode ser definido[119] como qualquer potencial acontecimento, negativo ou positivo, que provoca efeitos não desejados na empresa ou afeta os seus resultados. Neste contexto, os riscos podem ligar-se a aspetos tão diversos como o cometimento de fraudes internas e externas, condições de segurança e higiene nos locais de trabalho, defesa do consumidor, a proteção do sigilo de informações da empresa, o respeito pelos prazos estabelecidos com os clientes, a preservação do património da empresa ou a ocorrência de um significativo crescimento do consumo. E não necessita de ser encarecido como a concretização de qualquer risco pode acarretar prejuízos, que envolvem custos e danos reputacionais e de valor de mercado para a empresa. Desta forma, a gestão de riscos é um dos principais desafios da governação societária, envolvendo, quer a análise do ambiente interno (dentro da empresa), quer do ambiente externo. A *análise de riscos* e a *definição do ambiente e das atividades de controlo* (políticas e técnicas de procedimento de controlo) são a base sobre a qual se estabelece um sistema eficaz de *controlo interno* que visa a prevenção e a deteção de comportamentos desviados e ilícitos.

---

[118] Daí que as *Guidelines* referidas falem expressamente de *Compliance and Ethics Programs*.
[119] Cf. LEANDRO SARCEDO, *Compliance e responsabilidade penal das pessoas jurídicas*, cit., p. 46; PEDRO PODBOI ADACHI, *Tendências de governança corporativa*, cit., p. 74s.

A boa governação deve gerar ainda um sistema de equilíbrios (*checks and balances*) e apela, numa certa perspetiva, como já referimos, ao estabelecimento de mecanismos de controlo de *shareholders* e de *stakeholders* sobre os administradores das empresas. A este propósito, pode revelar-se da maior importância contar, a nível elevado da estrutura empresarial, com um *órgão de controlo* – um *órgão de compliance* –, funcionalmente independente da sua cúpula de gestão. A implantação destes órgãos vai ao encontro do estabelecimento, no interior das empresas, de sistemas de delegações de funções e correspondentes responsabilidades. As normas de certificação dos padrões de qualidade (normas *ISO, IEC, UNE, DIN*, etc.) são também de grande importância pelo contributo que fornecem para a definição de responsabilidades, funções e tarefas dentro das empresas, com a finalidade de ser assegurado o cumprimento de critérios em domínios tão diversos como os de responsabilidade social societária, de prevenção de riscos ou de políticas de segurança da informação. As normas *ISO*, designadamente, revelaram-se de grande utilidade para o estabelecimento, no interior das empresas, de sistemas de delegações de funções e correspondentes responsabilidades e de fluxos de comunicação e de deveres de controlo (*deveres de compliance*), colocando em evidência a importância da *formação* e da envolvência, não apenas de empregados mas também de elementos diretivos, na *organização de cumprimento* empresarial, de acordo com o modelo *tone from the top*.[120]

3. Programas de *Compliance*

A conexão entre a boa governação societária e os programas de cumprimento é evidente.[121] Estes constituem um produto híbrido, público e privado,

---

[120] Referências sobre isto encontram-se em ADÁN NIETO MARTÍN, *Compliance y teoría del derecho penal*, cit., p. 25 e 26.

[121] A este propósito, entende-se que a diferenciação entre procedimentos referentes à própria organização empresarial e os de *compliance* estabelecida por Teresa Quintela de Brito corroboram a ligação que se quer evidenciar (cf. TERESA QUINTELA DE BRITO, «Relevância dos mecanismos de 'compliance' na responsabilidade penal das pessoas coletivas e dos seus dirigentes», *Anatomia do Crime: Revista de Ciências Jurídico-Criminais*, Coimbra, n. 0, julho-dezembro, 2014, p. 75s (79). Assinale-se, ainda, que o primeiro instrumento legislativo a prever normas de autocontrolo e autofiscalização típicas de programas de *compliance* é apontado como tendo sido a *Foreign Corrupt Pratctices Act*, adotada em 1977, nos Estados Unidos da América. Esta lei – subsequentemente ampliada e atualizada – teve por finalidade

do Estado e do mundo empresarial.[122] As normas que traduzem as políticas das empresas, relativas a diversos domínios – em matéria de corrupção, branqueamento, consumo, fiscal, concorrência, ambiental, laboral ou do mercado de valores mobiliários[123] –, são duplamente normas mistas, na sua génese, estadual-supraestadual e no seu conteúdo, público-privado. A existência de programas de cumprimento efetivos, fomentando um processo de adequação das empresas à conformidade ética e legal, é imprescindível para que seja retomando algum controlo sobre a atividade económica.

Numa síntese apertada, pode dizer-se que a criação de programas de compliance responde a dois aspetos fundamentais. Desde logo, à criação exponencial de normas legais reguladoras da atividade económico-empresarial e à frequência das alterações legislativas, que, por sua vez, procuram acompanhar o ritmo vertiginoso a que hoje se processa a evolução no domínio económico. Para além disso, as empresas não querem ter problemas legais ou judiciais nos locais onde estão instaladas, devido aos custos aí implicados, desde logo reputacionais, e pretendem, por isso, que uma cultura corporativa adequada impregne toda a estrutura organizacional da empresa, tendo em vista a mitigação de riscos associados à sua atividade. Por seu turno, os Estados, por várias razões que já se enunciaram, demitem-se de, por si só, assegurar uma adequada fiscalização da atividade económica.

Imediatamente, os programas de compliance visam a promoção de uma cultura empresarial ética e de cumprimento, mas o seu objetivo final é evitar a responsabilidade administrativa, civil e, em última linha mas sobretudo, penal. Dada a grande variedade de riscos a que as empresas estão expostas e face à sua natureza de programas adequados, entre outros aspetos, à estrutura organizacional, à atividade desenvolvida ou à dimensão da empresa, não é possível determinar, em abstrato, o conteúdo exato dos programas de cumprimento. Pode falar-se, a este propósito, do mínimo

---

moralizar as práticas comerciais das empresas norte-americanas, evitando uma prática que consistia na conquista de mercados internacionais através da corrupção, designadamente de autoridades públicas estrangeiras.

[122] Refere-se a uma «corregulação estatal-privada», ULRICH SIEBER, *Direito penal económico. Estudos em Homenagem aos 75 anos do Professor Klaus Tiedemann*, cit., cit., p. 291. Sobre o tema, vide ADÁN NIETO MARTÍN, «Introducción», *El derecho penal económico en la era compliance*, cit., p. 13s.

[123] Os programas de *compliance* podem ainda ter como objeto os valores empresariais propriamente ditos, que englobam o seu património e segredos negociais. CF. ULRICH SIEBER, *Estudos em Homenagem aos 75 Anos do Professor Klaus Tiedemann*, cit., p. 291s (p. 295 e 296).

denominador comum do sistema de autorregulação de cumprimento e salienta-se que devem integrar um programa de cumprimento todas as medidas que objetivamente atestem que a empresa está organizada de modo a reforçar o cumprimento das normas legais e ao mesmo tempo desincentivar administradores e empregados que atuam ou pretendem atuar à margem do comportamento ético mínimo esperado pela organização.[124]

Em geral, os programas de cumprimento têm componentes de regulação, prevenção, investigação e sancionamento. É muito difundido o modelo da sua elaboração em três colunas (*modelo das três colunas*) – formulação, implementação e consolidação e aperfeiçoamento.[125] A *formulação* do programa – de acordo com o trinómio *detetar, definir, estruturar* – tem a ver com a identificação e análise de riscos, com a adoção de códigos de ética ou de conduta, que definem as medidas de prevenção adequadas em face dos riscos, e ainda com o desenvolvimento de mecanismos – canais de denúncia – que permitem a identificação de condutas desviantes na empresa, tendo em vista, na última etapa de construção da coluna, a estruturação concreta do programa, aí incluída a definição das competências dos diversos agentes de compliance. Com a *implementação*, trata-se de assegurar os vetores *comunicação-promoção-organização* dos programas, desde logo garantindo, em cada segmento de atuação de administradores e empregados, o conhecimento dos códigos e dos procedimentos a adotar em conformidade, avultando aqui a importância da formação; e, para além disso, assegurando a promoção da cultura de cumprimento, através da consagração de medidas internas, que podem dizer respeito à documentação dos atos praticados ou à instituição de controlos internos (não anunciados) ou externos (auditorias). Já tendo em vista a *consolidação e o aperfeiçoamento* dos programas – que passa por *reagir, sancionar e aperfeiçoar* – é necessário que estes incluam mecanismos de

---

[124] Neste sentido, cf. ULRICH SIEBER, «Programas de compliance en el derecho penal de la empresa. Una nueva concepción para controlar la criminalidad económica», *El derecho penal económico en la era compliance*, cit., p. 63s. (p. 70s) e MIGUEL POLAINO-ORTS/ MARÍA BELÉN LINARES, «Gobernanza corporativa y criminal compliance en la legislación española tras la Reforma de 2015», *Tendências em governança corporativa e compliance*, cit., p. 181s (p. 189-192).

[125] O modelo foi delineado por Marc Engelhart, *Sanktionierung von Unternehmen und Compliance: eine rechtsvergleichende Analyse des Straf-und Ordnungswidrigkeitenrechts in Deutschland und den USA*, 2. Ergänzte und erweiterte Auflage. Berlin, Duncker und Humboldt, 2012, p. 712 s, tal como é referido por CARLA VERÍSSIMO, *Compliance: incentivo à adoção de medidas anticorrupção*, São Paulo, Saraiva, 2017, p. 276s.

reação perante práticas ilícitas cometidas *na, contra* ou *através da* empresa, designadamente, medidas de investigação internas,[126] e que prevejam sanções a serem aplicadas. O aperfeiçoamento dos programas implica, finalmente, a sua avaliação contínua, tendo em vista a atualização, revisão regular e assegurar a sua efetividade.

Entende-se, assim, que há certos elementos que devem ser tidos em conta na conformação do conteúdo de um programa de cumprimento efetivo.[127]

Desde logo, as empresas devem adotar normas de conduta, através da criação de *códigos éticos* – que podem ser de boas práticas, de bom governo, intergovernamentais,[128] de associações[129] ou outros –, que estabelecem as políticas, os padrões de comportamento e os procedimentos corporativos.[130] Estes códigos concretizam e especificam princípios e normas enunciados de forma geral e abstrata, de modo a adaptá-los às caraterísticas e especificidades de cada empresa, de acordo com o domínio em que esta exerce a sua atividade. Neste sentido, afirma-se que os programas de cumprimento devem ser «feitos à medida» (*tailor made*). Os códigos éticos ou de conduta condensam as medidas que definem os limites do risco permitido na atuação de administradores e empregados da empresa. Mas não se deve perder de

---

[126] Sobre a questão das investigações internas, sob o ponto de vista do risco que representam para os direitos fundamentais das pessoas singulares, cf. MARIA JOAO ANTUNES, «Privatização das investigações e compliance criminal», *Revista Portuguesa de Ciência Criminal*, Ano 28, Nº 1, 2018, p. 119s (p. 124s).

[127] Podem apontar-se certos requisitos que os programas de cumprimento devem satisfazer para se considerarem efetivos e, assim, se revelarem idóneos, quando se trata de prevenir crimes, da mesma natureza daqueles que foram praticados, ou de reduzir de forma significativa o risco da prática de crimes. Nesta linha, cf. o Artigo 31 bis 5, do Código Penal Espanhol, que indicou, de forma inovadora, em 2015, os requisitos que devem cumprir os «modelos de organização e gestão». Sobre o teste para aferir da existência de um programa de cumprimento efetivo, cf., infra.

[128] Trata-se de códigos elaborados por organizações internacionais, como a *OCDE*, por exemplo, no domínio da corrupção.

[129] Os exemplos podem agora encontrar-se nas associações desportivas, como a *FIFA*, que dispõe de um Código de Ética e de um Código de Conduta, respetivamente de 2012 e de 2017.

[130] Sobre os códigos de conduta, cf. IVÁN NAVAS MONDACA, «Los códigos de conducta y el derecho penal económico», *Criminalidad de empresa y compliance: prevención y reacciones corporativas*, Jesús-Maria Siva Sánches (dir), Raquel Montaner Fernández (coord), Barcelona, Atelier, 2103, p. 111s (p. 116s), que se refere a códigos *na* empresa, atinentes à responsabilidade social da empresa, e os códigos *da* empresa, que se referem ao funcionamento interno da empresa.

vista que eles encerram a «filosofia» da autorregulação regulada e, assim traduzem a cooperação das empresas com o legislador, designadamente penal, «transferindo» para o seu interior os *standards* de cuidado público» para os tornar «mais acessíveis» e «reforçar o seu carácter vinculativo».[131]

A implantação de sistemas que regulam a circulação da informação na empresa, quer quanto aos *canais de informação* no seu interior quer com o exterior (acionistas, autoridades, clientes, etc.), contraria um dos fatores criminógenos mais divulgado, consistente na fragmentação da informação. Este aspeto prende-se com a criação de condições para o exercício das funções de supervisão e de controlo *(gatekeepers)* e tem como seus elementos fundamentais a institucionalização de *canais de denúncia* e a existência de *whistleblowers*, sobretudo pelo que diz respeito à informação para efeitos de descoberta de factos violadores de normas, que podem ser penais.[132]

Em certas empresas, em função do seu tamanho e complexidade da organização, a estruturação programas de cumprimento vai de par com a institucionalização de órgãos – órgãos de compliance ou de cumprimento *(Departamento de Compliance ou Compliance Office)*, dirigidos, quando tal for o caso, por um *Administrador de Compliance (Chief Compliance Officer – CCO)* –, cujo objetivo é assegurar a efetividade dos programas, de forma que a atividade empresarial se processe de acordo com as normas legais e éticas. Deste modo, permite-se, ainda, o estabelecimento de um quadro expresso de delimitação e delegações de funções, em que os administradores aparecem também como responsáveis, considerando a organização de cumprimento, como já se referiu, *tone from the top*.

Pelo que diz respeito à implementação dos programas, e para além da sua ampla divulgação, por forma a serem conhecidas as normas, legais e éticas, e os procedimentos a adotar, avulta a importância da *formação*, não

---

[131] Assim, JUAN ANTONIO LASCURAÍN, «Compliance, debido control y unos refrescos», *El derecho penal económico en la era compliance*, cit., p. 111s. (p.129). Acentue-se que, com estes códigos, não está agora mais em causa, como a autorregulação pôs a nu, «encomendar as ovelhas ao lobo» (cf. *supra*, em texto, o que já se referiu a este propósito).

[132] Sobre a problemática da utilização de canais de denúncia para fins de investigação *criminal* («no sentido de específico da colaboração empresarial na investigação da existência de um crime, na determinação dos seus agentes e da responsabilidade deles e na descoberta e recolha das provas» por via da «realização de investigações internas por parte da empresa»), cf. MARIA JOÃO ANTUNES, *Revista Portuguesa de Ciência Criminal*, 2018, cit., (p. 121s).

só inicial mas também contínua, que, acompanhada de certificação, são elementos imprescindíveis ao cumprimento.

A *auditoria externa* é outro elemento que pode ser essencial para o funcionamento eficaz de programas de cumprimento. Indo para além, no seu significado, da certificação da formação, a auditoria externa integra-se num quadro mais amplo de medidas internas dirigidas a promover a cultura de *compliance*, como rotinas de documentação, de comunicações ou de controlo interno. O controlo externo, através de auditorias, implica a independência do auditor, podendo dirigir-se, na sua forma clássica, às «contas» da empresa ou, mais modernamente, ser do tipo laboral ou ecológico ou assumir-se como auditoria social, com a finalidade de comprovar em que medida uma empresa cumpre os deveres atinentes à sua responsabilidade social. Simultaneamente, pretende-se que a auditoria seja cada vez mais pró-ativa, implicando não só a identificação de factos e situações irregulares, mas também daqueles que assumem essa qualidade pelos reflexos que podem vir a ter nos resultados finais apurados da empresa.[133]

A transparência, ligada à eficácia da organização, pode implicar, finalmente, a obrigação de *informação pública* sobre o modo de organização empresarial para assegurar a realização dos seus objetivos.

Importa ainda ter presente a possibilidade de conceber dois modelos-tipo dos programas de cumprimento. Com efeito, o cumprimento pode consistir na promoção de uma cultura ética e de legalidade empresarial ou fazer-se radicar em mecanismos de vigilância ou controlo.

Assim,[134] de acordo com o primeiro modelo, o programa de cumprimento, cujo elemento central é o código ético, é orientado para a promoção dos valores. Conta, naturalmente, com medidas de controlo, perspetivadas como procedimentos internos usuais ao funcionamento de uma empresa voltada para a ética negocial, designadamente, de *due diligence,* para efeitos que podem ser contabilísticos, de seleção de pessoal, de fornecedores, de verificação de fluxos de efetivos ou outros; mas é fundamentalmente concebido como um instrumento de promoção de um ambiente empresarial «livre de ilícitos», interiorizado por todos como uma mais-valia reputacional e em termos de valor da empresa. Neste modelo, a denúncia integra-se na cultura empresarial como um «ato cívico empresarial» e

---

[133] Surge aqui a questão dos «*novos*» *gatekeepers* (contabilistas ou advogados).
[134] Sobre o tema, cf. ADÁN NIETO MARTÍN, *Compliance y teoria del derecho penal,* cit., p. 33.

não com a conotação pejorativa de uma «delação». Já o segundo modelo é perspetivado em função da vigilância, sendo agora o seu núcleo duro constituído por medidas de controlo. Os exemplos são múltiplos e variados: podem ir desde o acesso a correios eletrónicos, recurso a circuitos de videovigilância, registo de chamadas telefónicas ou de acessos à *internet* até à contratação de detetives privados ou à utilização de técnicas de *risk profiling* para efeitos de determinar o índice de risco criminal das pessoas candidatas a determinados lugares dirigentes na empresa. Sendo que, tal como já se referiu, se qualquer programa de cumprimento deve partir de uma avaliação de risco, a diferença é total entre avaliar quais são os riscos que a empresa deve enfrentar e determinar qual é o perfil de risco criminal dos seus empregados.[135] Um modelo de *compliance* perspetivado a partir da vigilância e controlo corre o perigo de converter a empresa numa espécie de *panopticum* e conferir ao empresário uma posição de *big brother*. Neste contexto, por um lado, há que observar que, em geral, um modelo deste tipo seria incompatível com direitos fundamentais dos trabalhadores, tais como a vida privada ou a intimidade, o segredo das comunicações ou o direito à proteção dos dados; por ouro lado, na ponderação entre liberdade e vigilância deve ter-se em consideração a distinção entre a utilização preventiva ou repressiva de certas medidas. Salienta-se, designadamente, que o acesso a correios eletrónicos pode ser, em certas circunstâncias,[136] um método legítimo de obtenção da prova de uma infração cujo cometimento já foi detetado, mas deve ser proibido como técnica de *fishing*, com o fim de «apanhar» de maneira indiscriminada comportamentos violadores de normas da empresa. A forma de funcionamento dos canais de denúncia configura um sinal revelador do modelo de *compliance* implantado. É, pois, essencial, serem canais anónimos e específicos,[137] que permitam a administradores e empregados e a pessoas externas à empresa que comuniquem,

---

[135] Adán Nieto Martín; *Compliance y teoría del derecho penal*, cit., p. 33, dá conta que, mais recentemente e em certos universos, surgem no mercado serviços de *corporate intelligence* que se propõem aplicar, como parte do *compliance*, técnicas muito sofisticadas de análise de *data mining*, utilizando o *know how* procedente dos serviços secretos.

[136] Está em causa, designadamente, a advertência ao trabalhador sobre a política de privacidade da empresa quanto a documentos guardados no seu computador ou a acesso ao seu correio eletrónico.

[137] De notar que, consoante as situações, esses canais devem ser internos e externos. Para o caso específico do branqueamento, cf. *infra*.

sob confidencialidade, situações que podem representar riscos empresariais. Desta forma, tem-se em vista não fomentar um ambiente de perseguição *entre* as pessoas da empresa e de perseguição *das* pessoas da empresa. E, assim, por um lado, prevenindo não só situações de denúncias de má-fé, uma vez que a confidencialidade não impede a responsabilidade e o sancionamento do denunciante, sendo esse o caso; e, por outro lado, procurando salvaguardar-se de repercussões disciplinares, profissionais ou penais os denunciantes de comunicações de boa-fé.[138] Neste contexto, de definição do modelo de programa de *compliance* de feição ética, é de interesse referir a criação de canais que assumem contornos de *help-desk*, com funcionalidades também de comunicação de irregularidades (*tell-us*).[139]

4. Programas de *Compliance* e Direito Penal

De um ponto de vista penal, as «políticas» de *good governance* e de *compliance* devem ser levadas em conta para a delimitação da responsabilidade empresarial.

Com efeito, a questão da responsabilidade penal no âmbito da prática de crimes económicos conhece um aspecto nevrálgico na atribuição dessa responsabilidade às chamadas pessoas coletivas. E levou, como é sabido, a propostas que pretendem fazer dos órgãos de direção das corporações garantes dos atos ilícitos cometidos pelos seus empregados. Na verdade, nas grandes empresas, a descentralização do poder de decisão que faz parte da sua organização leva, muitas vezes, a que o autor do ato perigoso não se dê conta das consequências lesivas da sua atuação, coordenada e determinada a partir de órgãos que, por sua vez, agem por delegação de instâncias superiores. Noutros casos, o autor do comportamento que se dá conta da sua perigosidade é, na verdade, fungível, já que aquele ato é projetado em termos organizacionais. De qualquer forma, observadas as normas administrativas que regulam a atividade e os critérios tradicionais

---

[138] Sobre isto, especificamente a propósito do branqueamento, infra. Está em causa agora, desta forma, evitar represálias.

[139] Com interesse é o sistema implantado na *Siemens* por *Klaus Moosmayer*, seu *Chief Compliance Officer*, recorrentemente referido, que permitiu à empresa desenvolver uma espécie de programa de *compliance* à escala mundial, uniformizando comportamentos. Sobre isto, cf. STIJN LAMBERIGTS, «Third AIDP Symposium for Young Penalists», *Regulating corporate criminal liability*, Dominik Brodowski, Manuel Espinoza de los Monteros de la Parra, Klaus Tiedemann, Joachim Vogel (Editors), Springer, 2014, p. 350s.

de responsabilidade penal, verificar-se-ia uma imputação debaixo para cima *(bottom up)*, o que podia dificultar a atribuição de responsabilidade aos entes superiores. Foi isto que levou uma parte significativa da doutrina a propor uma imputação de cima para baixo *(top down)*, de acordo com a qual os órgãos de direção da empresa passam a ser tratados como garantes dos desvios executados por agentes subordinados. É obrigatória, aqui, a referência à tese defendida por Bernd Schünemann,[140] para quem o dever de garante surge «do domínio do garante sobre a causa do resultado». O que, aplicado aos crimes empresariais, permitiria equiparar a omissão à ação com fundamento no *«domínio* do diretor da empresa ou, em geral, do superior da empresa», que pode resultar quer «do seu domínio fáctico sobre os elementos perigosos do estabelecimento» quer «do seu poder de mando sobre os empregados legalmente fundamentado»; acrescentando ainda o Autor que estas diferentes posições de garante têm um alcance diverso consoante «a sua diferente estrutura material», ou seja, «consoante as respetivas condições para a existência ou a extinção do domínio».

São conhecidas as dificuldades levantadas à consideração do dirigente ou administrador de entes coletivos como garante da não produção de resultados típicos, e, portanto, criminalmente responsável, apenas porque não evitou ou nada fez para evitar o resultado típico causado materialmente pelo seu inferior.[141]

---

[140] Cf. BERND SHÜNEMANN, *Delincuencia empresarial: cuestiones dogmáticas y de política criminal*, Buenos Aires, Di Palácio, 2004, p. 31.

[141] O Código Penal português basta-se com uma cláusula geral onde se faz radicar o dever jurídico de atuar, assim expressa no Artigo 10º, nº2: «quando sobre o omitente recaia um dever jurídico que pessoalmente o obrigue a evitar (um certo) resultado». É nestes termos que, entre nós, se constitui o dever de garantia e a posição de garante, cujo fundamento e limites JORGE DE FIGUEIREDO DIAS encontra (*Direito Penal, Parte Geral*, Tomo I, 2ª edição, Coimbra Editora, 2007, p. 920) quando «se lograr seguramente a conclusão, *através de uma autónoma valoração da ilicitude*, que, relativamente a um certo tipo de ilícito, *o desvalor da omissão corresponde no essencial ao desvalor da ação*» (itálicos nossos): e, assim, no «dever de evitar ativa ou positivamente a realização típica, *rectior*, de obstar à verificação do resultado típico (...), apesar de um tal dever se não encontrar referido na descrição típica». O Autor não deixa de reconhecer (*ibidem*, p. 923) que a equiparação da omissão à ação pode suscitar dificuldades à luz do princípio da legalidade, na sua exigência de determinação típica, considerando (p. 924) que a «relativa indeterminação» é «ainda compatível» com o princípio, se se alcançar «uma determinação rigorosa dos concretos deveres de garantia» e que «consequentemente, o seu catálogo seja o mais estrito e determinado possível». Mais longe na tentativa de determinação à luz das

A questão, entretanto, está em que, como é agora claro, no cenário económico contemporâneo as empresas estão obrigadas a novas formas de atuação no mercado e à adoção de estratégias de autorregulação para prevenção de comportamentos contrários às normas pelos seus dirigentes e empregados. É neste contexto, como já se viu, que surgem os programas de *compliance*, com a rede de deveres que daí resultam para todos os que as integram. Trata-se, pois, de analisar qual o papel que os programas e os respetivos *deveres de compliance* desempenham para efeitos de atribuição de responsabilidade *penal*, quer às pessoas coletivas quer aos seus administradores e empregados, de acordo com uma estratégia em que se tem em vista prevenir a prática de crimes *a favor* da empresa.

4.1. *Compliance* e Responsabilidade Penal das Pessoas Coletivas

Assim, num primeiro momento, as questões de responsabilidade penal a considerar prendem-se com o modelo de organização da empresa, designadamente quanto à estrutura de *compliance*, e com o relevo dos programas de cumprimento para efeitos da responsabilidade penal daquela.

Neste domínio, existe hoje um relativo consenso em torno da tese segundo a qual um elemento-chave para decidir sobre a responsabilidade penal empresarial é a existência, na empresa, de um programa de cumprimento *efetivo*. O *compliance* empresarial é hoje um fator determinante da discussão sobre a responsabilidade penal da pessoa coletiva *qua tale*.

Está em causa a possibilidade de a empresa ser passível de responsabilidade penal por «*defeito de organização*»,[142] resultante, pois, de um programa de *compliance* defeituoso ou mal colocado em efetivação. Desta

---

exigências de legalidade vai, por exemplo, o Código Penal espanhol, que, no Artigo 11º, nº 2, nomeia taxativamente as concretas fontes do dever jurídico de atuar: a lei, o contrato e a ingerência. Na mesma linha, também o Código Penal brasileiro, no Artigo 13, §2º, que exige como fontes da omissão imprópria a lei, um contrato ou quase-contrato, ou uma ingerência (sobre a questão, no direito penal brasileiro, cf. ANDREI ZENKNER SCHMIDT, *Direito penal económico*, cit., p. 177s.).

[142] Fala-se, também, de "culpa na organização". Existe hoje uma vastíssima bibliografia sobre o tema. Referem-se, por todos, ADÁN NIETO MARTÌN e o seu estudo, já por diversas vezes citado, «Problemas fundamentales del cumplimiento normativo en el derecho epenal», *Compliance y teoria del derecho penal*, cit., p. 30s; e JUAN ANTONIO LASCURAÍN, «Los programas de cumplimiento como programas de prudencia penal», *Revista Portuguesa de Ciência Criminal*, 2015, cit., p. 95s.

forma, afasta-se um modelo vicarial ou heterónomo de responsabilidade penal empresarial – a responsabilidade penal não pode transferir-se.[143] Ao invés, faz-se radicar a responsabilidade penal da corporação, ou «na sua maneira coletiva de decidir e atuar» como organização que não foi cuidadosa, permitindo que os seus membros – administradores, diretores ou empregados – cometessem crimes em favor dela; ou, através dos seus mecanismos decisórios, na sua opção por uma atuação dirigida à prática de crimes. A responsabilidade penal corporativa pelos crimes cometidos radica, assim, na possibilidade da sua imputação à empresa, que será *qua tale* passível de ser responsabilizada penalmente. A responsabilidade penal desta radica, como se vê, no defeito da sua organização, que não previne adequadamente que as pessoas que a compõem não cometam crimes em seu favor. Dito de outra maneira:[144] a empresa não exerceu o controlo devido para que a partir do seu seio não se cometessem crimes em seu favor. Ou ainda mais enfaticamente: a empresa não se preocupou suficientemente em contrariar o efeito criminógeno que comportam os benefícios que para os seus administradores, diretores e empregados advêm de favorecerem a empresa num mercado como é o atual, altamente competitivo.

Os problemas que aqui se levantam, decorrentes do facto da responsabilização penal autónoma da pessoa coletiva mediante o mecanismo de *compliance*, são dos mais árduos para a dogmática penal e para a prática judiciária.

Assim, e de um lado, esta estratégia não pode transformar-se uma *armadilha* para as empresas. Isto significa, desde logo, que os crimes praticados pelos administradores, diretores ou empregados da empresa não são necessariamente crimes das empresas: designadamente, se quem comete o crime teve de violar as normas do programa de *compliance* para o levar a efeito, a responsabilidade não é da empresa, mesmo que um administrador invoque que o praticou no interesse da empresa. A este propósito, salienta-se que a imputação da responsabilidade penal a um ente coletivo, diferentemente do que acontece no caso de pessoas individuais, implica abarcar

---

[143] Assim, expressamente, JUAN ANTONIO LASCURAÍN, *Revista Portuguesa de Ciência Criminal*, 2015, cit., p. 101.
[144] Cf. JUAN ANTONIO LASCURAÍN, *El derecho penal económico en la era compliance*, cit., p. 111s. (p. 120).

uma sequência temporal alargada, em que relevam momentos anteriores e posteriores ao facto praticado.[145]

Este aspeto prende-se com um outro, muito relevante ao nível principial, e que tem que ver com o princípio da presunção de inocência em sede de processo penal.[146] A referência é ao ónus da prova quanto à falta de devido controlo, ou, o que é dizer o mesmo, quanto ao defeito de organização, que recai sobre a acusação. É a esta entidade que cabe o ónus de provar que a empresa, um *segundo* sujeito, atuou indevidamente, permitindo, dolosa ou negligentemente, que o crime fosse cometido pelo *primeiro* sujeito, uma pessoa individual.

Já quanto à prova da prática do crime,[147] deve basear-se num teste de adequação abstrato-concreto do programa de *compliance*, uma apreciação da adequação do programa, quer quanto aos seus aspetos gerais quer quanto à eficácia no caso específico. Trata-se, primeiramente, de averiguar da efetividade abstrata do programa e da sua implementação, designadamente quanto à realização de formação, ao funcionamento do canal de denúncias, à imposição de sanções disciplinares, à revisão periódica do programa, etc. Esta primeira parte do teste tem a ver com a cultura de legalidade instalada na empresa e com os controlos estabelecidos e pretende detetar falhas na efetividade do programa, que se deverá considerar efetivo se não se verificaram falhas ao nível da sua efetividade em abstrato. Na segunda parte do teste, deve demonstrar-se que a empresa, de maneira continuada, não tomou as medidas específicas para prevenir os factos delinquentes da espécie daqueles que foram cometidos e para prevenir os factos que foram cometidos. Trata-se, agora, de averiguar da existência de medidas preventivas para factos semelhantes aos que ocorreram e, caso elas existam, qual a razão por que não foram eficazes naquele caso concreto. O teste prova que o programa de compliance é efetivo, não se imputando a responsabilidade penal à empresa, se o agente teve de violar as regras estabelecidas para praticar o facto. Da mesma forma podendo apreciar-se os casos, conhe-

---

[145] Refere-se a necessidade da existência do «filme» dos acontecimentos.
[146] Sobre o tema, com especificações sobre a questão em Espanha, JUAN ANTONIO LASCURAÍN, *El derecho penal económico en la era compliance*, cit., p. 122s.
[147] Cf. ADÁN NIETO MARTÍN, *Compliance y teoria del derecho penal*, cit., p. 189s; vide, também, ANABELA MIRANDA RODRIGUES, «Compliance programs and corporate criminal compliance», *PoLar – Portuguese Law Review*, Vol 2, January 2018, No 1, p. 1s, (p. 5s.).

cidos como os do «vigilante preguiçoso»,[148] em que a empresa estava bem organizada, dispunha de um programa adequado de prevenção de crimes, que, no entanto, foi indevidamente aplicado. Assim, a execução defeituosa do controlo por parte de um quadro médio ou de um qualquer empregado da empresa, quando seja provado que os gestores ou os órgão de governo da pessoa coletiva exerceram, por si ou por delegação em outras pessoas, todas as medidas exigíveis para a prevenção, deteção e reação perante eventuais crimes, não deve, em princípio, determinar a responsabilidade penal da empresa, sem prejuízo das circunstâncias atendíveis em cada caso concreto.

O outro lado do problema dos programas de compliance reside na *desconfiança do sistema de justiça* em relação a eles, considerando-os uma «invenção do mundo dos negócios». A questão reside, agora, no que já foi chamado a sua «utilização cosmética».[149] Com efeito, a empresa pode ser tentada a considerar o programa como uma espécie de salvo- conduto que lhe basta mostrar quando surge o eventual problema penal. A partir daí, de indicar o bode expiatório (*scapegoat*) a evitar a responsabilidade penal é um pequeno passo, para além do facto de os programas de *compliance* se poderem transformar num instrumento na mão dos administradores para aumentarem o seu poder nas empresas e justificarem o estabelecimento de sistemas de controlo cada vez mais rigorosos. Verifica-se, agora, o efeito de deslizamento «para baixo» (*top to down*) da responsabilidade penal.

Toca-se, desta forma – com a exigência de que o programa de *compliance* seja efetivo para se evitar a imputação de responsabilidade penal à empresa –, a questão do *órgão de controlo ou de vigilância* – o *órgão de compliance* da empresa (*Departamento de Compliance* ou *Compliance Office*) –, que, enquanto órgão de prevenção, também penal, tem a seu cargo a coordenação, assessoramento e supervisão dos responsáveis pelo cumprimento dos deveres de controlo ou vigilância (os *deveres de compliance*). Deve ser um órgão funcionalmente independente, dotado de poderes autónomos de iniciativa

---

[148] Sobre isto, em Espanha, por referência à Circular 1/2001 da Fiscalia General del Estado (III.3), JUAN ANTONIO LASCURAÍN, *El derecho penal económico en la era compliance*, cit., p. 126.

[149] Assim, ADÁN NIETO MARTÍN, «Cosmetic use and lack of precision in compliance programs: any solution?», *EUCRIM* 3/2012, p. 125s; vide, também, ANABELA MIRANDA RODRIGUES, *PoLar – Portuguese Law Review*, 2018 cit, p. 8s.

(decisão) e controlo,[150] que ocupa um nível elevado na orgânica da empresa e que centraliza as tarefas de análise de riscos, criação e difusão de normas, implementação de formação, receção de denúncias, investigações internas ou relativas ao sistema sancionatório em caso de incumprimento normativo. Desta forma, a empresa dá um sinal das suas preocupações preventivas e projeta externamente a sua não tolerância relativamente ao cometimento de crimes, garantindo o funcionamento, a rastreabilidade e a atualização do sistema de prevenção.

Este órgão deve ser criado no âmbito de um sistema de delegações, que, numa empresa bem organizada, estabelece claras responsabilidades de *controlo dos comportamentos* para evitar a prática de crimes e de *controlo do controlo* dos comportamentos. Este aspeto é fundamental para que o controlo seja devido e circunstanciado. Realizado mediante programas de *compliance* efetivos, todas as pessoas da empresa, também os administradores, se transformam em garantes da prática de crimes. Como sugestivamente foi afirmado em relação aos administradores de empresas,[151] trata-se de eles, «como Ulisses, se atarem ao mastro do barco, para não serem tentados com o canto das sereias da corrupção». Entretanto, não está em causa – sublinhe--se –, com o estabelecimento da responsabilidade de controlo, criar, só por si, um novo grupo de garantes penais constituído pelos administradores de *compliance (Chief Compliance Officers)*. Estes, com efeito, centralizam, desempenham e promovem um tipo de funções, já referidas como de coordenação, de assessoramento e de supervisão, em relação a pessoas que, estas sim,

---

[150] Cf., para o ordenamento espanhol, o Artigo 31º bis, nº 2, 2ª, do Código Penal; cf., para efeitos de isenção e atenuação da pena, respetivamente, Artigo 31º bis, nº 2 e 4, e nº 2, último inciso. No direito italiano, ao nível agora da responsabilidade administrativa dos entes coletivos (Artigo 6.1. b, *Decreto Legislativo* 8 giugno 2001, n. 231), se as funções de controlo do funcionamento, do cumprimento e da atualização dos programas de cumprimento for delegada a um organismo «dotado de poderes autónomos de iniciativa e de controlo», a pessoa coletiva não responderá ou poderá ser a sua responsabilidade atenuada pelos crimes dos administradores (em geral, dos «*soggetti in posizione apicale*»), segundo os Artigos 12º, nº 2, alínea b), e 17º, alínea b), do referido *Decreto Legislativo*. Para o direito brasileiro, no âmbito da responsabilidade administrativa das pessoas jurídicas, cf. Lei nº 12.846/2013, de 1 de agosto, sobre a responsabilização administrativa e civil das pessoas jurídicas pela prática de atos contra a administração pública, nacional ou estrangeira e outras providências, Artigo 7º, inciso VII; e Decreto 8.420/2015, de 18 de março, que regulamenta a Lei, Artigo 5º, § 4º.

[151] JUAN ANTONIO LASCURAÍN, *Revista Portuguesa de Ciência Criminal*, 2015, cit., p. 113.

enquanto desempenham tarefas delegadas de controlo na corporação como fonte de perigos, são garantes em termos penais.[152]

4.2. *Compliance* e Responsabilidade Penal de Administradores, Administradores de *Compliance* e Empregados

Neste contexto, em que a responsabilidade penal da empresa se procura afastar mediante uma estratégia de *compliance*, a questão que se coloca, num segundo momento, é a da responsabilidade penal dos administradores e dos empregados resultante da omissão do cumprimento dos deveres de *compliance* que lhes cabem. O problema converge na questão de saber como é que estes deveres são fonte do dever de garante dos *compliance officers*.[153]

Na verdade, os deveres de *compliance* em vários casos resultam da lei[154] e importa acentuar que consubstanciam normas de cuidado – de redução de riscos – e podem estar, como estão muitas vezes, dirigidos mediatamente para a proteção de bens jurídico-penais.

Assim, há que lembrar que a função destes deveres é fundamentar o juízo de previsibilidade da conduta que se quer prevenir. Os deveres do garante visam, exatamente, «diminuir a probabilidade de ocorrência» de resultados e, neste sentido, «não visam impedir resultados».[155] Ou, o que é dizer o mesmo, agora quanto aos *compliance officers*, que eles «não são garantes de proteção, mas de vigilância».[156] Isto não significa que a imputação do resultado criminoso ao *compliance officer* possa *ipso facto* resultar da não observância de um dever que lhe competia. Na verdade, o

---

[152] Cf., Juan Antonio Lascuraín, *El derecho penal económico en la era compliance*, cit, p. 134; id, Revista Portuguesa de Ciência Criminal, 2015, cit., p. 112 e 113.

[153] A posição por nós aqui defendida está na linha da fundamentação da relevância de certos deveres como deveres de garante nas «exigências de solidariedade do homem para com os outros homens dentro da comunidade», desde sempre assumida por Figueiredo Dias (*Direito penal. Parte Geral*. Tomo I, cit., p. 938), que faz radicar a *verdadeira fonte* dos deveres de garante «na valoração *autónoma* da ilicitude material, *completadora* do tipo formal» (*ibidem*, itálicos nossos).

[154] Exemplo paradigmático constitui a lei nº 83/2017, de 16 de agosto, que estabelece medidas de combate ao branqueamento de capitais e ao financiamento ao terrorismo.

[155] Assim, J. M. Damião da Cunha, «Algumas reflexões críticas sobre a omissão imprópria no sistema penal português», *Liber Discipulorum para Jorge de Figueiredo Dias*, Coimbra Editora, 2003, p. 481s s. (p. 499).

[156] Assim, Cornelius Prittwitz, «La posición jurídica (en especial, posición de garante) de los compliance officers», *Compliance y teoria del derecho penal*, cit., p. 2017s (p. 215).

compliance officer omitente só incorre em responsabilidade penal se a omissão do cumprimento do dever ou o seu cumprimento deficiente releva ao nível da realização *típica ilícita* – no sentido de que expressa o dolo do ilícito típico – do crime em causa por si ou por terceiro, revelando *indiferença* pelo bem jurídico protegido[157]. Desta forma, acentua-se, o que está em causa é que o não cumprimento de um dever ou o seu cumprimento deficiente, podendo implicar a aplicação de uma sanção de outra ordem que não penal – por exemplo, contraordenacional ou administrativa –, não significa necessariamente que se verifica uma ofensa ao bem jurídico tutelado pela norma penal, mas apenas quando esse incumprimento, pelo sério risco contido na norma de conduta que é violada, expressa a indiferença pelo bem jurídico protegido pela incriminação. Sendo que é através do filtro da legalidade penal traduzida no ilícito típico que se afere da (verificação dessa) ofensa ao bem jurídico mediante a omissão.[158]

A conclusão impõe-se de que a violação de um dever de *compliance* ou o seu cumprimento deficiente não pode levar a presumir a ofensa ao bem jurídico protegido pela norma penal. Na verdade, há que considerar que a questão de se poder verificar a imputação da responsabilidade penal pela omissão ou cumprimento defeituoso do dever de *compliance* ao administrador ou empregado passa por ter em atenção que a formação da intenção – a vontade – da prática de um crime ou da representação da sua realização como possível se liga ou pode ligar-se ao cumprimento de deveres de *compliance*. Mas ela exigirá sempre (a prova de) que a omissão do cumprimento de deveres revela indiferença pelo bem jurídico protegido pelo tipo de ilícito. E, assim, no caso de crimes dolosos, a prova de que o agente, com a sua omissão, atuou com a intenção/vontade de realizar a prática ou a possível prática do crime, conforme os casos de dolo ou de dolo eventual.[159]

---

[157] Sobre a responsabilidade penal dos *compliance officers*, especificamente no caso do crime de branqueamento, cf. *infra*, 3.4.3.

[158] Sobre isto, neste sentido, ANABELA MIRANDA RODRIGUES, «Sobre o crime de importunação sexual», *Revista de Legislação e Jurisprudência*, 2014, cit., p. 413s (p. 436 e 442).

[159] No sentido da posição que defendemos, cf. LEANDRO SARCEDO, *Compliance e responsabilidade penal da pessoa jurídica*, cit., 59 e 60; também ANDREI ZENKNER SCHMIDT, *Direito penal econômico*, cit., p. 194-198. No caso de crimes negligentes, a omissão dos deveres de compliance com negligência, na medida em que esta (a negligência) carateriza a não observância do dever objetivo de cuidado exigido para a imputação do crime, poderá considerar-se inerente à natureza do ilícito típico e, assim, permitir a imputação de responsabilidade penal ao *compliance officer*.

Indicadores da vontade do agente procuram ser identificados pela doutrina a partir de dados externamente comprováveis, de acordo com indícios que expressam uma intencionalidade interna do agente.[160] Do nosso ponto de vista, entretanto, impõe-se sublinhar que, como se referiu, o dolo do tipo é uma intencionalidade expressa mediante uma omissão – o agente «decide-se» pelo risco contido na violação do dever ou no seu cumprimento defeituoso –, expressando, com esta omissão, a sua total indiferença («decisão contrária ao») pelo bem jurídico protegido. Assim, está em causa, na prova desta intenção de lesar o bem jurídico por um agente concreto – que, não se esconde, não é isenta de dificuldades –, aferir dos seus conhecimentos e competências adquiridos com a aplicação efetiva do programa de *compliance* e, nessa base, identificar a sua intenção de lesar o bem jurídico protegido pela norma penal.

Para além deste aspeto – que, reforça-se, implica a prova de que a omissão é subjetivamente dirigida para a ofensa ao bem jurídico-penal –, acrescenta-se que é ainda necessário que o não cumprimento do dever ocorra entre o início e o fim da execução do ilícito típico.[161] Como a doutrina penal[162] vem salientando, a formação do dolo prévio – *dolus antecedens* – assim como a conformação com um resultado típico que já aconteceu – *dolus subsequens* – não relevam como dolo do tipo.

Estas considerações revelam-se da maior importância no que diz respeito, em particular, à responsabilização penal da pessoa responsável pelo órgão de cumprimento numa empresa, isto é, o *Chief Compliance Officer (CCO)* ou administrador de *compliance*. Facilmente se compreende que ninguém estaria disposto a assumir o cargo de *CCO* se a mera possibilidade (suspeita) de que pudesse estar em causa a prática de um crime por um qualquer dos empregados da empresa o pudesse fazer incorrer em responsabilidade penal resultante de uma posição de garante, designadamente por ingerência. Como já foi adiantado, o *CCO* não é *ipso facto* garante. A sua responsabilidade, a outros títulos, que não penal, poderá resultar de ter

---

[160] Cf. WINFRIED HASSEMER, «Los elementos característicos del dolo», *Anuario de Derecho Penal y Ciencias Penales*, Tomo 43, Fasc/Mês 3, 1990, p. 909s (p. 928 e 929), que estabelece uma classificação de indicadores em função do perigo para o bem jurídico, do conhecimento do perigo pelo agente e da decisão pela realização do perigo.
[161] Cf. CORNELIUS PRITTWITZ, *Compliance y teoria del derecho penal*, cit., p. 215.
[162] Cf. JORGE DE FIGUEIREDO DIAS, *Direito Penal, Parte Geral*, cit., p. 379.

criado um programa de *compliance* não efetivo ou, apesar de efetivo em si mesmo, não o pôr ou ter posto em execução como devia. Mas a questão da sua eventual responsabilidade penal como garante dever-se-á analisar nos termos descritos para qualquer administrador ou empregado.

De resto, importa sublinhar que, antes de tudo, e como já se referiu, a exigência de cumprimento de deveres que resulta da existência de programas de cumprimento não pode redundar numa forma ínvia de encontrar responsáveis penais nos administradores e empregados da empresa para os crimes cometidos por terceiros. Na verdade, não pode ainda atribuir-se responsabilidade penal aos *compliance officers*, desde logo, nos casos em que, apesar de se ter verificado o cometimento do crime, não houve violação de deveres da parte daqueles. Quer-se aqui abranger, desde logo, as situações em que o programa de *compliance* é cumprido de maneira diligente. E, da mesma forma, os casos em que não exista a possibilidade fática ou funcional de os administradores ou empregados agirem em conformidade com o dever, isto é, de o dever ser cumprido. Estar-se-á aqui, agora, perante hipóteses em que a averiguação da responsabilidade penal do crime cometido por terceiro passa por investigar se o programa de compliance é efetivo, para efeitos de eventual imputação ou afastamento ou atenuação da responsabilidade penal pelo crime cometido à empresa.[163]

---

[163] Assim, se o programa de *compliance*, embora exista, não é efetivo, porque, na prática, não se assegurou ou se deixou de assegurar as condições necessárias à (continuidade da) fiscalização na forma estabelecida pelo próprio programa, a responsabilidade penal poderá, de acordo com o modelo organizacional da empresa, recair sobre esta, responsabilizando-a pelo seu «defeito de organização» manifestado naquele particular. Observa-se, pois (assim, LEANDRO SARCEDO, *Compliance e responsabilidade penal da pessoa jurídica*, cit., p. 61, com quem concordamos), que a responsabilidade penal das pessoas coletivas nos termos que deixamos apontados pode funcionar como um «verdadeiro contrapeso» às medidas de transferência da responsabilidade penal pessoal dos responsáveis pelo controlo interno e cumprimento normativo da empresa.

Parte III
Europeização do direito penal económico

1. Introdução

Um aspeto a marcar também a evolução do direito penal económico é a sua europeização, no sentido da harmonização levada a efeito sob o impulso da União Europeia.[164]

Na construção do mercado interno, a União Europeia vem levando a efeito uma política de luta contra a fraude, designadamente procurando responder à crise económico-financeira de 2008 e criar um clima de confiança nos agentes económicos. Foi logo em 2009, no «dia seguinte» à crise, que *Klaus Lüderssen* questionava, criticamente, dando voz aos céticos sobre a adequação da resposta penal, se aquela não traria consigo «novas perspetivas de criminalização».[165] E, na verdade, o reclamo por respostas mais punitivas no âmbito económico e, especificamente, no domínio dos

---

[164] Pode olhar-se para a «europeização» do direito penal económico sob o ponto de vista da sua «americanização». Neste contexto, no sentido de que a existência da União Europeia e de que a harmonização a nível europeu do direito penal económico ajudou, entretanto, a que este processo fosse mais «rápido, simples e uniforme», ADÁN NIETO MARTÍN, *Revista Penal*, 2007, cit., p. 134; a este propósito, acrescenta e defende que não existe, neste domínio económico, uma política criminal própria da União Europeia: não são muitas as decisões-quadro ou diretivas no âmbito do direito penal económico em que não exista previamente uma convenção internacional, seja das Nações Unidas ou do Conselho da Europa (p. 135).

[165] KLAUS LÜDERSSEN, «Funzionalità dei mercati finanziarii e diritto penale dell'economia – la 'crisi finanziaria' apre nuove prospettive di criminalizzazione?», *Sicurezza e diritto penale*,

mercados financeiros não tardou a fazer-se ouvir, num clamor a que a União Europeia não foi insensível. A intervenção legislativa que neste domínio foi levando a efeito, de salvaguarda da estabilidade e consolidação da confiança no bom funcionamento do sistema financeiro, tendo em vista a realização do mercado único europeu, constitui, na verdade, um sinal de uma atitude crescentemente sancionatória, com o apelo à utilização, por parte dos Estados-Membros, de sanções «efetivas, proporcionadas e dissuasoras», que, para além de civis e administrativas, também podiam ser penais.

A intervenção prosseguida pelo legislador europeu pode, aliás, tomar-se como paradigma de um processo de «europeização penal» conduzido pela via do direito *comunitário*, como o demonstram as diretivas de 1989[166] e de 2003[167], relativas respetivamente, às operações de iniciados e ao abuso de mercado. Ambas podem ser encaradas como vestígios de uma espécie de aplicação sub-reptícia e *ante litteram*[168] da competência penal para efeitos de assegurar a eficácia do direito da União, apenas expressamente atribuída ao legislador europeu com o Tratado de Lisboa.[169] A questão prende-se com a ausência de competência penal da Comunidade que, como é sabido, foi contestada pela Comissão desde os finais dos anos oitenta. Por ocasião, não só da discussão da diretiva já referida sobre operações de iniciados no domínio da bolsa,[170] mas também de outra relativa ao branqueamento no

---

Atti del convegno di Modena del 20-21 marzo 2009, M. Donini, M. Pavarini (cur), Bologna, BUP, 2010, p. 289s. (p. 290).

[166] Diretiva 89/592/CEE, de 13 de novembro de 1989, relativa à coordenação das regulamentações respeitantes às operações de iniciados.

[167] Diretiva 2003/6/CE, de 28 de janeiro de 2003, do Parlamento Europeu e do Conselho, relativa ao abuso de informação privilegiada e à manipulação de mercado (abuso de mercado).

[168] Neste sentido, LUIGI FOFFANI, «Politica criminale europea e sistema finanziario: l'esempio degli abusi di mercato», *Economia y Derecho Penal en Europa: una comparación entre las experiencias italiana y española. Actas del Congreso hispano-italiano de Derecho Penal Economico*. Università degli Studi de Milano, 29-30 de mayo de 2014 (a cargo de Luz Maria Puente Aba), Universidad da Coruña, Servizo de Publicacións, 2015, p. 225s (p. 227).

[169] Cf. Artigo 83º, nº2, do Tratado sobre o Funcionamento da União Europeia (TFUE). Sobre a máxima da eficácia e o direito penal da União Europeia, cf., ANABELA MIRANDA RODRIGUES, *Revista de Legislação e Jurisprudência*, Ano 146º, Nº 4004, Maio-Junho, 2017, cit, p. 327s; id, *Católica Law Review*, Volume I, nº 3, nov. 2017, cit, 13s.

[170] Diretiva 89/592/CEE.

setor dos serviços financeiros[171], a Comissão defendeu que um instrumento de direito comunitário podia conter obrigações de previsão de sanções penais para comportamentos que ali se proibiam, quando a natureza penal das sanções fosse necessária para garantir a eficácia das proibições.

Esta tese não fez vencimento. E o entendimento diferente foi mesmo reforçado, como veremos, pelo que se refere à iniciativa quanto ao branqueamento, com uma declaração subscrita pelo Conselho aquando da adoção da Diretiva comunitária de 1991, que exprimia um compromisso sobre a necessidade de, *no futuro*, se incriminar, a nível da União, o branqueamento. O que veio efetivamente a verificar-se, com a adoção, logo em 2001, de uma *Ação Comum*, no âmbito do terceiro pilar.[172] Já no domínio do abuso de mercado, uma atitude crescentemente sancionatória por parte da União – que procuraremos contextualizar num cenário estratégico mais vasto de regulação do mercado levada a efeito pela União para incutir e restabelecer a confiança no setor financeiro[173] – culminou também na intervenção penal do legislador europeu. O que aconteceu no âmbito das novas competências que neste domínio passou a deter com o Tratado de Lisboa e que utilizou pela primeira vez, com a adoção de uma diretiva, em 2014, relativa às sanções *penais* aplicáveis ao abuso de informação privilegiada e à manipulação de mercado (abuso de mercado).[174]

A questão da competência penal da Comunidade Europeia para assegurar a realização eficaz das suas políticas, em variados domínios e também no económico, esteve sempre envolta em viva polémica doutrinal, tendo ficado assinalada por decisões marcantes do Tribunal de Justiça e por uma evolução da legislação europeia não isenta de controvérsia.[175] As diretivas de 2008

---

[171] Diretiva 91/308/CEE do Conselho, de 10 de junho de 1991, relativa à prevenção da utilização do sistema financeiro para fins de branqueamento de capitais.

[172] Sobre isto, cf. infra, 3., 3.1.

[173] Sobre isto, cf. infra, 2., 2.1.

[174] Diretiva 2014/57/UE, de 16 de abril (doravante, *Diretiva Abuso de Mercado*). Note-se que esta Diretiva foi acompanhada pela adoção do Regulamento (UE) Nº 596/2014, do mesmo dia 16 de abril de 2016, relativo ao abuso de mercado (regulamento abuso de mercado), que, entre outras novidades em relação ao regime da Diretiva 2003/124/CE, trouxe novas exigências em matéria de *compliance*.

[175] A título ilustrativo, cf. ANABELA MIRANDA RODRIGUES, «O Direito Penal europeu à luz do princípio da necessidade – o caso do abuso de mercado», *Católica Law Review*, 2017, cit., p. 11s. (p. 15-18).

e de 2009, respetivamente relativas à «proteção do ambiente através do direito penal»[176] e à «poluição por navios e introdução de sanções em caso de infrações»[177] são disso um exemplo ilustrativo. No domínio dos interesses financeiros comunitários e para assegurar a sua proteção através do direito penal, a Comissão chegou mesmo a apresentar, nos anos setenta, uma proposta de alteração dos Tratados incidindo sobre a questão[178], que não teve seguimento. Aquando da instituição da União Europeia, em *Maastricht*, foi prevista uma base jurídica específica para assegurar a proteção daqueles interesses[179], reforçada em *Amesterdão* com a consagração do artigo 280º do antigo Tratado da Comunidade Europeia. O nº 4 deste dispositivo fornecia uma base jurídica que parecia traçar com clareza a linha de demarcação das

---

[176] Diretiva 2008/99/CE do Parlamento Europeu e do Conselho, de 19 de novembro de 2008, relativa à proteção do ambiente através do direito penal. Como é sabido, o legislador europeu teve em vista assegurar a proteção do ambiente através do direito penal com a adoção de uma Decisão-Quadro, de 27 de janeiro de 2003, que foi anulada pelo Acórdão do Tribunal de Justiça, de 13 de setembro de 2005. Na mesma altura e em paralelo, a Comissão adotou uma Proposta de Diretiva sobre a proteção do ambiente pelo direito penal, de 13 de março de 2001, que foi abandonada na sequência da recusa do Conselho de trabalhar na base dessa Proposta, e relativamente à qual o Parlamento Europeu se pronunciou, em Relatório adotado em 9 de abril de 2002. A presente Diretiva de 2008 foi adotada com base no artigo 175º, nº 1, do Tratado da Comunidade Europeia. Depois da entrada em vigor do Tratado de Lisboa, o ambiente constitui uma das políticas a desenvolver pela União Europeia (Título XX, Parte III, TFUE), devendo, do nosso ponto de vista, a intervenção penal a nível da União ser levada a efeito com base no artigo 83º, nº 2, TFUE.

[177] Diretiva 2009/123/CE do Parlamento Europeu e do Conselho, de 21 de outubro de 2009, que altera a diretiva 2005/35/CE relativa à poluição por navios e à introdução de sanções em caso de infrações, adotada com base no artigo 80º, nº 2, do Tratado da Comunidade Europeia. Tal como se verificou no domínio da proteção do ambiente, foi adotada uma Decisão-Quadro, de 12 de julho de 2005, visando a repressão penal no caso da poluição causada por navios, e uma Diretiva, de 7 de setembro de 2005, relativa à poluição causada por navios e à introdução de sanções em caso de infrações. Também aquela Decisão-Quadro foi anulada pelo Tribunal de Justiça, com o Acórdão de 23 de outubro de 2007, tendo a Comissão apresentado, em 11 de fevereiro de 2008, uma proposta que visava modificar a diretiva existente e para aí consagrar as disposições penais anteriormente previstas na decisão-quadro. Depois da entrada em vigor do Tratado de Lisboa, esta matéria releva da política dos transportes, tratada no Título VI, Parte III, TFUE, devendo, do nosso ponto de vista, a intervenção penal a nível da União ser levada a efeito com base no artigo 83º, nº 2, TFUE.

[178] Proposta da Comissão, de 10 de agosto de 1976 (JOCE C 222, de 20 de setembro de 1976).

[179] Artigo 209º A, do Tratado da Comunidade Europeia (TCE).

competências da Comunidade e dos Estados-Membros em matéria penal: o direito comunitário podia conter disposições destinadas a lutar contra as fraudes lesivas dos seus interesses financeiros com o limite de elas não poderem dizer respeito à aplicação do direito penal nacional ou à administração da justiça nos Estados-Membros. É conhecida a viva discussão que, no entanto, sempre envolveu esta última disposição, projetando-se sobre a competência penal da Comunidade para legislar neste domínio e sobre a utilização daí decorrente do instrumento jurídico próprio do então primeiro pilar e do seu processo de adoção, opondo um entendimento restritivo da norma à sua consideração como a base legal adequada para a adoção, não levada por diante, de uma diretiva «penal» comunitária na matéria.[180] O aspeto nevrálgico desta matéria na política criminal económica europeia

---

[180] Esta discussão opôs o Conselho e a Comissão: o primeiro, na via de um entendimento restritivo da norma; a Comissão, apresentando, em 2002, uma proposta de diretiva comunitária, adotada na base do artigo 280º, nº 4: proposta modificada de diretiva do Parlamento Europeu e do Conselho relativa à proteção penal dos interesses financeiros da Comunidade, COM/2002/0577 final, de 16 de outubro de 2002, apresentada pela Comissão com base no artigo 250º, nº 2, do Tratado da Comunidade Europeia. De qualquer modo, é de assinalar que, apesar da consagração, com o Tratado de Lisboa, de uma norma como a constante no artigo 83º, nº 2, TFUE, a questão da base legal em que se atribui competência penal à União para legislar em um domínio como o da proteção dos seus interesses financeiros não deixou de se colocar por referência ao artigo 325º, nº 4, TFUE, com a supressão aí verificada, relativamente ao artigo 280º-A, nº 4, TCE, da reserva que excluía das medidas de luta contra os interesses financeiros da União as que dissessem respeito à aplicação do direito penal nacional e à administração da justiça nos Estados-Membros. Até ao ponto de a Comissão se ter sentido confortada para apresentar, em 2012, uma proposta de diretiva relativa à luta contra os interesses financeiros da União através do direito penal (COM (2012) 363 final, de 11 de julho de 2012), tendo por base jurídica o artigo 325º,nº4, TFUE. A diretiva foi, entretanto adotada pelo Conselho, em 25 de abril de 2017, com base no artigo 83º, nº 2, TFUE, na sequência das dúvidas levantadas quanto à adoção daquela base jurídica (artigo 325º, nº 4, TFUE) pelo Conselho e pelo Parlamento Europeu. Aquele, em parecer dos seus serviços jurídicos (cf. Posição do Conselho, adotada em primeira leitura, em 25 de abril de 2017- 6182/1/17 VER 1 ADD 1), sustentando que o artigo 83º, TFUE, de acordo com o disposto nos seus números 1 e 2, constituem bases jurídicas «exclusivas» para estabelecer regras mínimas no que diz respeito à definição de infrações e sanções penais, «inclusive no que se refere às infrações penais no domínio da luta contra a fraude lesiva dos interesses financeiros da União»; e a comissão dos assuntos jurídicos do Parlamento Europeu (Relatório do Parlamento Europeu, de 25 de março de 2014, A7-0251/2014) fazendo ressaltar que «proceder à harmonização penal sobre uma base jurídica diferente (do artigo 83º) levaria a contornar o mecanismo de proteção estabelecido pelo Tratado».

traduziu-se, aliás, em manifestações académicas e científicas, com o Projeto de *Corpus Iuris*, também limitado à proteção dos interesses financeiros da Comunidade, e o Projeto de criação de *Eurodelitos*, que se alargou à proteção dos direitos dos trabalhadores e consumidores, passando pelas «marcas comunitárias» e «sociedades anónimas». Entretanto, antes da entrada em vigor do Tratado de Lisboa, a proteção dos interesses financeiros comunitários concretizou-se, já num quadro de competências penais limitadas ao âmbito do terceiro pilar, com a adoção da Convenção relativa à proteção dos interesses financeiros da Comunidade Europeia, de 26 de julho de 1995, seguida de três protocolos adicionais.[181] Esta via de construção de um direito penal económico europeu estava aberta, destacando-se então, no *espaço de justiça* aprofundado pelo Tratado de *Amesterdão*, numerosas decisões-quadro dirigidas a outros domínios, entre os quais se podem referir, para além do branqueamento,[182] a título exemplificativo, o da proteção penal do euro[183] ou da luta contra a corrupção[184]. No quadro de competência penal da União Europeia alargado e reforçado com o Tratado de Lisboa, a consolidação do direito penal económico europeu prosseguiu e conhece desenvolvimentos importantes. De assinalar é a concretização que obteve a proteção dos interesses financeiros da União, traduzido na adoção recente,

---

[181] A referência é à Convenção relativa à proteção dos interesses financeiros da Comunidade Europeia, de 26 de julho de 1995, aos Primeiro e Segundo Protocolos à Convenção, respetivamente, de 27 de setembro de 1996 e de 19 de junho de 1997, e ao Protocolo relativo à interpretação pelo Tribunal de Justiça da Comunidade Europeia, a título prejudicial, da Convenção, de 20 de maio de 1997, todos instrumentos adotados na base do artigo K 3 do Tratado da União Europeia (versão de *Maastricht*).

[182] Decisão-Quadro do Conselho, de 26 de junho de 2001, relativa ao branqueamento de capitais, à identificação, deteção, congelamento, apreensão e perda dos instrumentos e produtos do crime (2001/500/JAI). Existe, atualmente, uma Proposta de Diretiva do Parlamento Europeu e do Conselho relativa ao combate ao branqueamento de capitais através do direito penal (COM (2016) 826 final), de 21.12.2016. Sobre isto, cf. infra, 3.

[183] Decisão-Quadro 2000/383/JAI do Conselho, de 29 de maio de 2000, sobre o reforço da proteção contra a contrafação de moeda na perspetiva da introdução do euro, através de sanções penais e outras, já substituída pela Diretiva 2014/62/UE do Parlamento Europeu e do Conselho, de 15 de maio de 2014, relativa à proteção penal do euro e de outras moedas contra a contrafação.

[184] Decisão-Quadro 2003/568/JAI, relativa ao combate à corrupção no sector privado, de 25 de agosto de 2003.

em 2017, da Diretiva penal relativa à luta contra a fraude lesiva dos seus interesses financeiros[185].

Propomo-nos observar, de seguida, o movimento de europeização do direito penal económico por referência ao abuso de mercado e ao branqueamento. Tendo por pano de fundo que a atual resposta político-criminal exige, com redobrado vigor, o respeito pelo princípio da necessidade da intervenção penal e se insere no âmbito de uma nova estratégia de autorregulação regulada.

2. O abuso de mercado

2.1. O caminho da intervenção penal europeia

Na esfera financeira, verificou-se um grande empenhamento do legislador europeu, em consonância com as suas preocupações em matéria económica, alargadas, nos anos mais recentes e por força da crise de 2008, à necessidade de adoção de medidas para estabilizar os mercados. Na verdade, se a regulação do sistema financeiro não fez parte das respostas iniciais da União Europeia à crise, a mudança de agenda foi notória, incluindo-se nela a legislação de caráter penal. Do *pacote de resgate* da União passaram a fazer parte crimes financeiros, designadamente o abuso de informação privilegiada e a manipulação de mercado. A adoção da *Diretiva Abuso de Mercado* tem de ser contextualizada num cenário estratégico mais vasto de regulação do mercado levada a efeito pela União Europeia para incutir e restabelecer a confiança no setor financeiro. A Comissão, em 2009, tendo em vista «impulsionar a retoma europeia»[186] destacou as conclusões do *Grupo de Alto Nível* (Grupo *Larosière*)[187], que enfatizava a importância e a necessidade de incutir e restabelecer a confiança nos mercados para o bom funcionamento do sistema financeiro. Por isso, entendia que a sua reorganização se centrava na melhoria da integridade dos mercados e na proteção dos investidores e defendia que assumia aqui relevância crucial o

---

[185] Diretiva (UE) 2017/1371/do Parlamento Europeu e do Conselho, de 5 de julho de 2017, relativa à luta contra a fraude lesiva dos interesses financeiros da União através do direito penal.
[186] Comunicação dirigida ao Conselho Europeu da Primavera. *Impulsionar a retoma europeia*. Volume I (COM (2009) 114), ponto 2, p. 4s.
[187] *Grupo de Alto Nível*, presidido por *Jacques de Larosière*, para analisar possíveis melhoramentos ao nível da supervisão e da regulamentação. Relatório (http://ec.europa.eu/internal_market/ /finances / docs/de_larosiere_report-en.pdf).

desenvolvimento «de um conjunto de normas fundamentais harmonizadas aplicáveis em toda a UE»[188], designadamente em matéria de sanções.[189]

A harmonização tinha começado na década de oitenta, com o estabelecimento de um quadro legislativo para regular as trocas no mercado comum, que visava introduzir um modelo de reconhecimento mútuo e de harmonização mínima tendo em vista consolidar o mercado europeu e abri-lo ao investimento. Entre as medidas adotadas, a Diretiva, de 1989, já referida, relativa à coordenação das regulamentações respeitantes às operações de iniciados[190], foi a primeira a proibir a informação privilegiada a nível da União Europeia. Definia nove ilícitos em matéria de *insider trading*, em grande medida inéditos para o Continente europeu[191], que secundava com a cominação – mais ao jeito de advertência – aos Estados-Membros de que deviam estabelecer sanções «suficientes» para «incitar ao respeito» das disposições previstas.[192] E, em 1999, a Comissão adotou o *Plano de Ação para os Serviços Financeiros (PASF)*,[193] onde se preconizavam quarenta e duas medidas legislativas, entre elas, uma nova diretiva relativa ao abuso de mercado, que veio a ser ultimada em 2003.[194] Esta Diretiva alargava o abuso de mercado à manipulação de mercado e procedia a um enquadramento jurídico muito detalhado, tendo em vista «proteger a integridade do mercado»[195]; no aspeto sancionatório, a referência era expressa, apenas, quanto à necessidade de os Estados-Membros preverem sanções *administra-*

---

[188] COM (2009) 114, ponto 2.2, p. 6.

[189] Tal como salientado no Relatório *Larosière*: «A supervisão não pode ser eficaz se os regimes de sanções são fracos e apresentam uma grande variabilidade. É essencial que dentro e fora da UE todas as autoridades de supervisão estejam em condições de recorrer a regime de sanções suficientemente convergentes, estritos e dissuasores» (§201).

[190] Diretiva 89/592/CEE.

[191] Sobre a «americanização» deste setor das normas penais que, no espaço europeu, protegem o mercado, cf. ADÁN NIETO MARTÍN, *Revista Penal*, 2007, cit., p. 124s.

[192] Cf. Artigo 13º, Diretiva 89/592/CEE.

[193] Comunicação da Comissão. *Aplicação de um enquadramento para os mercados financeiros: plano de ação*. COM (1999) 232 final, de 11-05-1999.

[194] Diretiva 2003/6/CE, já referida (*supra*, nota 166).

[195] Cf. Considerando 11, Diretiva 2003/6/CE. Saliente-se que estiveram na base destas alterações a consideração das «inovações financeiras e técnicas» que «aumentam os incentivos, meios e oportunidades de abuso de mercado, através de novos produtos, das novas tecnologias, de um número cada vez maior de atividades transfronteiriças e da utilização da internet» (cf. Considerando 10).

tivas, que deviam ser «efetivas, proporcionadas e dissuasoras», deixando-se inteira liberdade aos legisladores nacionais para imporem sanções penais, *se, quando* e *como* entendessem[196].

O *Processo Lamfalussy*[197] e a atividade legislativa que se lhe seguiu, que, numa primeira abordagem dizia respeito ao *hard core* da regulação financeira, dirigiu-se, posteriormente, então, ao domínio sancionatório. A Diretiva, de 2004, relativa aos mercados de instrumentos financeiros (*DMIF I*)[198] foi aqui um dos instrumento mais importantes, tendo tido como objetivo melhorar a resiliência dos mercados da União Europeia através da sua transparência e da proteção dos investidores. Tendo sido alterada de modo substancial em diversas ocasiões, foi adotada, em 2014, uma nova Diretiva relativa aos mercados de instrumentos financeiros (*DMIF II*),[199] fundada na necessidade, apontada pela Comissão, de um sistema harmonizado de cooperação fortalecida que melhoraria a efetiva deteção das violações ao mercado de instrumentos financeiros.

Foi nesta via que a Comissão se propôs, igualmente, no contexto do reforço em curso da estabilidade e integridade dos mercados, encetar a revisão da Diretiva ao tempo em vigor relativa ao abuso de mercado, de 2003.[200] Na verdade, verificava-se que, por efeito da adoção desta diretiva, bem como

---

[196] Cf. Artigo 14º, nº 1, Diretiva 2003/6/CE: «*Sem prejuízo do direito de imporem sanções penais*, os Estados-Membros *asseguram*, nos termos da respetiva legislação nacional, que possam ser tomadas medidas administrativas adequadas ou aplicadas *sanções administrativas* relativamente às pessoas responsáveis por qualquer incumprimento das disposições aprovadas por força da presente diretiva. Os Estados-Membros asseguram que estas medidas sejam *efetivas, proporcionadas e dissuasivas*» (itálicos nossos).
[197] O Processo *Lamfalussy* refere-se ao processo conduzido por um *Comité de Sábios* relativo à Regulação dos Mercados Europeus de Ativos, presidido por *Alexander Lamfalussy*, que produziu um Relatório Final contendo recomendações quanto à regulação futura dos mercados europeus de ativos: *Final Report of the Committee of Wise Men on the Regulation of European Securities Markets* (Feb.15,2001) (http:/ec.europa.eu/internal-market/securities/docs/lamfalussy/wisemen/final-report-wise-men_en.pdf.)
[198] Diretiva 2004/39/CE do Parlamento Europeu e do Conselho, de 21 de abril de 2004, relativa aos mercados de instrumentos financeiros, que altera as Diretivas 85/611/CEE e 93/6/CEE do Conselho e a Diretiva 200/12/CE do Parlamento Europeu e do Conselho e que revoga a Diretiva 93/22/CEE do Conselho.
[199] Diretiva 2014/65/UE, de 15 de maio de 2014, relativa aos mercados de instrumentos financeiros e que altera a Diretiva 2002/92/CE e a Diretiva 2011/61/UE.
[200] Diretiva 2003/6/CE (cf. *supra*, nota 166).

da que a antecedeu, de 1989,[201] tinha-se criado nos Estados-Membros da União Europeia uma espécie de *euro-delitos* de informação privilegiada e de manipulação de mercado, gerando-se, inclusivamente, por livre opção político-criminal nacional,[202] um movimento de criminalização muito significativo nos Estado-Membros.[203] Entretanto, a resposta dos legisladores nacionais quanto aos tipos de sanções penais a prever foi muito diferenciada. Um estudo sobre a avaliação de impacto da diretiva de 2003 feito pela Comissão[204] evidenciava as divergências sancionatórias existentes nos Estados-Membros,[205] em face de uma disposição[206] que apenas lhes exigia que fossem aplicadas sanções administrativas. Assim, na Comunicação de 2010, tendo em vista «reforçar o regime de sanções no setor dos serviços financeiros»[207], a Comissão sugere «medidas que a UE poderia adotar para

---

[201] Diretiva 89/592/CEE (cf. *supra*, nota 165).

[202] Acentuando também este aspeto, LUIGI FOFFANI, *Actas del Congreso hispano-italiano de Derecho Penal Economico*, 2015, cit., p. 233.

[203] Por força destas intervenções legislativas comunitárias verificou-se um movimento de criminalização nos Estados-Membros, cujo efeito foi o de que vinte e oito em vinte e nove Estados da UE (exclusão da Bulgária) incriminaram a informação privilegiada; e que vinte e cinco em vinte e nove Estados da UE (exclusão da Bulgária, Eslováquia, Eslovénia e Áustria) incriminaram a manipulação de mercado.

[204] Cf. *Commission Staff Working Paper. Impact Assessment*, SEC (2011) 1217 final (Oct. 20, 2011), p. 15s. Vide, no mesmo sentido, *Committee of European Securities Regulators. Executive Summary to the Report on Administrative Measures and Sanctions as well as the Criminal Sanctions available in Member States under the Market Abuse Directive (MAD)*, in www.cesr-eu.-org. (trata-se de um estudo comparativo, levado a efeito em 2008, nos vinte e sete Estados-Membros da União Europeia, a que acrescem a Noruega e a Islândia, sobre as sanções penais e administrativas previstas para o abuso de mercado).

[205] Dá conta da heterogeneidade das sanções penais, a partir de dados extraídos do *Executive Summary 2008* (nota anterior), LUIGI FOFFANI, *Actas del Congreso hispano-italiano de Derecho Penal Economico*, 2015, cit., p. 231. Observa-se, assim, que, para o crime de informação privilegiada, nos vinte e sete em vinte e nove Estados que preveem a pena de prisão, ela oscila, no seu limite máximo, entre um ano na Bélgica, doze anos em Itália ou quinze anos na Letónia; e, que, para o crime de manipulação de mercado, nos vinte e cinco Estados em vinte e nove que preveem a pena de prisão, ela oscila, no seu limite máximo, entre dois anos na Bélgica, doze anos na Itália e quinze anos na Letónia.

[206] Cf. Artigo 14º, nº 1, já citado (cf. *supra*, nota 197), Diretiva 2003/6/CE.

[207] Comunicação da Comissão ao Parlamento Europeu, ao Conselho, ao Comité Económico e Social Europeu e ao Comité das Regiões, *Reforçar o regime de sanções no setor dos serviços financeiros*, COM (2010) 716 final, de 8-12-2010.

aumentar a convergência e a eficácia» dos regimes sancionatórios.[208] É aqui que, *pela primeira vez*, se refere expressamente a possibilidade de «introdução de sanções *penais* para as infrações mais graves às disposições legais sobre os serviços financeiros», mas apenas «quando e onde» tal se revelasse *essencial* para «garantir a execução eficaz dessa legislação»[209]. A Comissão preconizava que a «abordagem legislativa» no domínio dos regimes de sanções fosse «sectorial» e «estritamente limitada a certos elementos dos regimes de sanções»[210], apontando, desde logo, como bases legais para a ação da União Europeia neste âmbito (sancionatório), designadamente, «as disposições relativas ao mercado interno do Tratado que regem a aproximação das legislações (artigo 114º, TFUE)» e que «fornecem ao legislador da UE a possibilidade de adotar medidas para a aproximação das legislações nacionais, com o objetivo de melhorar as condições de estabelecimento e de funcionamento do mercado interno»; e, para além disso, a base legal constante do artigo 83º, TFUE, para a definição das infrações penais e respetivas sanções, «quando a aproximação das legislações se revelar essencial para garantir a execução eficaz de uma política da União numa área que foi sujeita a medidas de harmonização».[211]

Na sequência desta Comunicação, a Comissão apresentou, em 20 de outubro de 2011, o seu *pacote* contra o abuso de mercado: a proposta de diretiva relativa a sanções penais[212] e a proposta de regulamento relativa a sanções administrativas[213], ambas dirigidas ao problema do abuso de mercado e na base dos instrumentos legislativos atualmente em vigor.

A proposta de diretiva impunha que os Estados-Membros adotassem sanções penais efetivas, proporcionadas e dissuasoras[214] para os crimes de informação privilegiada e de manipulação de mercado, quando cometidos

---

[208] COM (2010) 716, ponto 1, p. 4.
[209] COM (2010) 716, ponto 4.1., p. 12 (itálicos nossos).
[210] COM (2010) 716, ponto 4.1., p. 12.
[211] Cf. COM (2010) 716, ponto 4.1., p. 12.
[212] Proposta de Diretiva do Parlamento Europeu e do Conselho relativa às sanções penais aplicáveis ao abuso de informação privilegiada e à manipulação de mercado (abuso de mercado), de 20-10-2011, COM (2011) 654 final.
[213] Proposta de Regulamento do Parlamento Europeu e do Conselho relativa à informação privilegiada e à manipulação de mercado (abuso de mercado), de 20-10-2011, COM (2011) 651 final.
[214] Cf. Artigo 6º, COM (2011) 654 final.

com dolo,[215] mas não determinava nem espécies nem medidas abstratas de penas. O que o Relatório de avaliação, apresentado em 2012, pelo *Comité dos Assuntos Monetários e Económicos* do Parlamento Europeu, entre outras alterações, propôs: pena de prisão para os crimes cometidos com dolo, cujo limite máximo se devia estabelecer entre os limites mínimos de dois e cinco anos.[216] Em 25 de julho de 2012, a Comissão tinha já apresentado uma proposta alterada de diretiva relativa às sanções penais aplicáveis ao abuso de mercado, na sequência do «escândalo» das taxas *EURIBOR* e *LIBOR*.[217] O *Conselho Justiça e Assuntos Internos*, de 6 e 7 de Dezembro de 2012, deu o seu acordo a esta proposta que esteve na base das negociações com o Parlamento Europeu e da *Diretiva Abuso de Mercado* adotada em 2014. Sendo, em bom rigor, a primeira iniciativa *penal* da União Europeia em matéria de abuso de mercado, ela prossegue na via já encetada de harmonização de atividades ilícitas de informação privilegiada e de manipulação de mercado – sendo, neste sentido, pouco inovadora – que, «em casos graves» e quando cometidos «com dolo», *devem* constituir *crimes* e ser *obrigatoriamente* punidos com *sanções penais*, e não meramente administrativas como era o caso, *efetivas, proporcionadas e dissuasivas*[218]; sanções que, acrescente-se, devem ser de *prisão*, indicando-se o limite da pena máxima não inferior a quatro e a dois anos, consoante os crimes em causa[219].

Observa-se, assim, que se operou um efeito integrador muito relevante ao nível da disciplina dos mercados financeiros, com consequências notórias e visíveis ao nível das legislações penais nacionais. Logo pela via comunitária, o movimento de criminalização fez-se sentir na esmagadora maioria dos Estados-Membros, apesar da ausência de obrigação formal de incriminação. Como referimos, quanto às infrações, as legislações nacionais passaram a conter incriminações harmonizadas de informação privilegiada ou de

---

[215] Cf. Artigos 3º e 4º, COM (2011) 654 final.
[216] Cf. Relatório do Parlamento Europeu relativo à Proposta de Diretiva Abuso de Mercado (COM (2011) 654), *Committee on Economic and Monetray Affairs*. Rapporteur: Arlene McCarthy (19-10-2012-A7-0344/2012).
[217] Cf. Proposta COM (2012) 420 final: inclui-se uma definição de «parâmetros de referência» no artigo 2º e abrange-se no crime de manipulação de mercado a manipulação dos próprios parâmetros de referência (artigo 4º, alínea e9).De notar que estas alterações foram consagradas na *Diretiva Abuso de Mercado* de 2014: Artigo 2º, nº 6 e artigo 5º, nº 2, alínea d).
[218] Cf. Artigo 7º, nº 1, *Diretiva Abuso de Mercado*.
[219] Cf. artigo 7º, nº 1 e 2, respetivamente, *Diretiva Abuso de Mercado*.

manipulação de mercado, creditando a *marca* de direito penal económico europeu. Face ao *euro-delito* de abuso de mercado, o panorama era, todavia, diferente no domínio sancionatório, revelando-se grandes disparidades a este respeito. Não deixa por isso de ser surpreendente que, na via da construção de um direito penal económico europeu por que a União optou nesta matéria, com a Diretiva de 2014 a atenção do legislador europeu se tenha continuado a concentrar na definição de comportamentos ilícitos e tenha menosprezado o lado sancionatório, onde existem diferenças «espantosas e surpreendentes»,[220] não se tendo aproveitado a oportunidade para dar um salto qualitativo na definição da política criminal europeia pelo que a este domínio respeita.[221]

2.2. O critério da necessidade da intervenção penal europeia

A questão da necessidade da intervenção penal no domínio do abuso de mercado a nível da União Europeia envolve uma dimensão que faz dela uma questão qualitativamente diferente da que se coloca quando a pergunta é feita a nível meramente nacional.

Sabido que o legislador europeu exerceu a sua competência para legislar em matéria penal neste domínio na base das novas competências penais atribuídas com a entrada em vigor do Tratado de Lisboa, o aspeto que é preciso apreciar é, na verdade, o de saber se a sua intervenção penal é

---

[220] Assim, LUIGI FOFFANI, *Actas del Congreso hispano-italiano de Derecho Penal Economico*, cit, p. 231. Cf., também, nesta linha, ANABELA MIRANDA RODRIGUES, *Católica Law Review*, 2017, cit., p. 23s. Releva-se, aqui, por exemplo, a diferença de punição do *insider trading* na Bélgica – um ano de pena privativa de liberdade – e na Itália: doze anos de pena máxima privativa de liberdade.

[221] Denunciando o velho modelo com origens no «milho grego» e sobre a necessidade de se refletir no enganador modelo «quantitativo» de indicação da gravidade abstrata da pena privativa de liberdade, ANABELA MIRANDA RODRIGUES, «Fundamental rights and punishment – is there a EU perspective?», *New Journal of European Criminal Law* (em curso de publicação). Sobre a questão, cf. PEDRO CAEIRO, «A coerência dos sistemas penais nacionais em face do direito europeu», *O espaço de liberdade, segurança e justiça da UE: desenvolvimentos recentes/The EU area of freedom, security and justice: recent developmets* (Coordenadora: Constança Urbano de Sousa), Departamento de Direito, Universidade Autónoma de Lisboa, p. 241s (p. 254 e 255), que aponta para um modelo de «escalas de penas», das «muito leves» às «mais graves», de «dupla qualificação», combinando «juízos europeus e nacionais».

necessária – «indispensável»[222] – para assegurar a *execução eficaz*[223] do direito da União neste domínio.

Neste ponto, deve começar por se sublinhar que o critério da eficácia dá à União Europeia «carta branca»[224] para legislar: assegurar a eficácia do direito da União não é, por si só, um limite constitucional válido à criminalização nem o critério da eficácia é adequado para constituir seu fundamento.[225] Este requisito tem de ser ligado ao pressuposto de que a intervenção penal pelo legislador europeu é *essencial* («indispensável») para assegurar aquela eficácia. É esta condição que funciona como fundamento e limite – material – da intervenção penal em causa levada a efeito a nível da União. Quer isto dizer que a intervenção penal a nível europeu exige uma sua legitimação autónoma, isto é, implica a prova do caráter essencial – da *necessidade* – do direito penal da União. O que vale por dizer, a prova, como começámos por adiantar, de que o direito penal europeu tem um valor qualitativamente diferente do direito penal nacional que o deve legitimar.

A questão do recurso ao direito penal europeu tem de ser, assim, avaliada e demonstrada pelo legislador (penal) da União, ao nível europeu, de acordo com o critério fornecido no disposto no artigo 83º, nº 2, do Tratado sobre o Funcionamento da União Europeia (TFUE): ser a intervenção penal a nível da UE essencial para assegurar a eficácia do direito da União. Exprimindo o princípio da *proporcionalidade em sentido amplo* ou da *necessidade* da intervenção penal, que traduz o caráter de *ultima ratio* do direito penal, é este um critério que se liga, desta forma, ao *princípio da subsidiariedade* do direito da União: deve ser demonstrada a necessidade de intervenção da União Europeia.[226] A subordinação do direito penal europeu àqueles princípios da necessidade e *ultima ratio* e a um programa político-criminal europeu a

---

[222] Assim, na expressão literal do Artigo 83º, nº 2, TFUE (*essential*, na versão inglesa).
[223] Assim também, na expressão literal do Artigo 83º, nº 2, TFUE.
[224] Assim, JACOB OBERG, «Do we really need criminal sanctions for the enforcement of EU law?», *New Journal of European Criminal Law*, Vol. 5, Issue 3, 2014, p. 370s. (p. 378).
[225] No sentido de que é um critério enganador, ambíguo e vago, ESTER HERLIN-KARNELL, «What principles drive (or should drive) european criminal law?», *German Law Journal*, Vol. 11 No. 10, 2010, p. 1115s. (p. 1122s); *id*, «Effectiveness and constitutional limits to european criminal law», *New Journal of European Criminal Law*, Vol. 5, Issue 3, 2014, p. 267s. (p. 270s).
[226] No sentido da ligação do princípio da necessidade e *ultima ratio* ao princípio da subsidiariedade, cf. Recomendação do Parlamento Federal alemão, *German Bundestag, Recommendation for a resolution and report by the Committee on Legal Affairs (6th Committee), 23 May 2012, printed*

nível constitucional, como hoje é o caso com o Tratado de Lisboa, faz incidir uma nova luz sobre a sua legitimação quando está em causa assegurar a eficácia do direito da União.

Na verdade, o critério de *ultima ratio* do direito penal, que tem funcionado a nível estadual como critério político-criminal que norteia a evolução dos direitos penais nacionais dos Estados-Membros – e que radica, além do mais, em muitos textos constitucionais destes Estados, constituindo o parâmetro de um programa político-criminal a ser desenvolvido pelos legisladores nacionais –, pode ser uma fonte da compreensão do critério de intervenção penal do legislador europeu.

Assim, importa lembrar que, desde a sua criação, em 1992, o disposto no artigo *F* das disposições comuns do Tratado da União Europeia – tal como hoje, no seu artigo 6º, nº 3 – prevê o respeito, pela União, dos direitos fundamentais, «tal como os garante a Convenção Europeia dos Direitos Humanos e tal como resultam das tradições constitucionais comuns aos Estados-Membros». E que o compromisso de respeito pelos direitos fundamentais ganhou consistência com a adoção da *Carta dos Direitos Fundamentais*, que tem hoje[227] o mesmo valor jurídico que os Tratados. Uma norma como a que está prevista na *Carta*[228] – quando estatui que qualquer restrição dos direitos e liberdades consagrados nesse diploma deve observar o princípio da proporcionalidade e «só pode ser introduzida se for necessária e corresponder efetivamente a objetivos de interesse geral reconhecidos pela União ou à necessidade de proteção dos direitos e liberdades de terceiros» –, tem o alcance de exprimir, agora a nível europeu, aquele critério criminalizador que, a nível estadual, tem provado ao longo dos tempos ser de préstimo para legitimar e limitar a intervenção penal.

Evidencia-se, ainda, além disso, que um mero objetivo de *harmonização* para ultrapassar a disparidade das legislações penais dos Estados-Membros não constitui, em si mesmo, legitimação do direito penal europeu.[229]

---

paper 17/7918 No. A.3, nº 4 e também nº 3. Na doutrina, ANDRÉ KLIP, «European criminal policy», *European Journal of Crime, Criminal Law and Criminal Justice*, 20, 2012, p. 6.

[227] Cf. Artigo 6º, nº 1, Tratado da União Europeia.

[228] Cf. Artigo 52º, nº 1, Carta dos Direitos Fundamentais.

[229] Para uma análise de que a aproximação das legislações penais nacionais (harmonização), desde a sua origem, não é um fim em si mesmo, cf. ANABELA MIRANDA RODRIGUES, *O direito penal europeu emergente*, Coimbra Editora, 2008, p. 67s.

A posição da Comissão Europeia a este respeito tem-se revelado equívoca. Logo em 2011, na sua Comunicação relativa ao desenvolvimento de uma política criminal europeia para assegurar a execução eficaz das políticas da União, procurou salientar o «valor acrescentado»[230] da harmonização do direito penal substantivo alargada a novos domínios. O que fez[231] apelando a aspetos tão díspares como evitar o *forum shopping* ou aumentar a confiança mútua por parte das autoridades judiciárias dos Estados-Membros e a confiança dos cidadãos no exercício do seu direito à liberdade de circulação. Para além disso, e apesar de ter enunciado os princípios que devem orientar a criminalização – e que incluem a necessidade ou proporcionalidade em sentido amplo (*ultima ratio*) e o respeito pelos direitos fundamentais[232] –, a elaboração da «lista»[233] de domínios de políticas da União elencados onde o direito penal pode ser chamado a intervir surge como o objetivo principal da Comunicação. Porque, na verdade, nada se adianta sobre os critérios que conduziram à identificação destes domínios, que vão desde o dos transportes rodoviários, passando pelo da proteção de dados ou da política das pescas até ao das políticas do mercado interno, para só darmos alguns exemplos. Pelo que os princípios referidos, em bom rigor, não foram feitos funcionar no sentido de «limitar» a «lista», antes a «lista» sufraga uma «expansão» do direito penal europeu.

Neste ponto, é curioso considerar como são significativas as diferenças de perspetivas político-criminais das várias instâncias da União. Pode-se dizer que a visão do Conselho Europeu, designadamente se confrontarmos o *Programa de Estocolmo*, está mais de acordo com a visão funcionalista da Comissão, enquanto o Conselho[234] e o Parlamento Europeu[235] colocam a

---

[230] Comunicação da Comissão ao Parlamento Europeu, ao Conselho, ao Comité Económico e Social Europeu e ao Comité das Regiões «Rumo a uma política da UE em matéria penal: assegurar o recurso ao Direito Penal para uma aplicação efetiva das políticas da UE», COM (2011) 573 final, p. 2 (ponto 1.).

[231] Cf. p. 5 (ponto 1.).

[232] Cf. p. 6s. (ponto 2.).

[233] Cf. p. 9s (ponto 3.).

[234] Cf. *Conclusions du Conseil relatives à des dispositions types permettant d'orienter les travaux menés par le Conseil dans le domaine du droit pénal* (doc. 16542/2/09 VER 2 JAI 868 DRIPEN 160), disponível também em versão inglesa.

[235] Relatório sobre uma abordagem da UE ao direito penal (2010/2310 (INI), *Comissão das Liberdades Cívicas* (Relator: *Cornelis de Jong*), 24-04-2012, A7-0144/2012.

ênfase nos limites à intervenção penal. No *Relatório* em que respondeu à Comissão, este órgão parlamentar sublinhou como o direito penal «deve respeitar plenamente os direitos fundamentais das pessoas», designadamente, fazendo notar a necessidade de que a neocriminalização deve ser «demonstrada» por «factos» que, de um lado, tornem claro a danosidade dos comportamentos e, de outro lado, que «não existem medidas menos drásticas adequadas para lidar com os comportamentos em questão» e que «a gravidade das sanções propostas não é desproporcional à infração penal praticada», de acordo com o artigo 49º, nº 3, da *Carta de Direitos Fundamentais*. Para além disso, num nítido intuito limitador, não deixou de fazer, aqui, valer os critérios que presidem à criação de direito penal europeu nos seus domínios tradicionais de intervenção e de apontar a exigência da comprovada «mais-valia» de uma «abordagem comum da União» à criminalidade em causa, que deve ser «particularmente grave e com dimensão transfronteiriça».[236]

A *Diretiva Abuso de Mercado* deve ser apreciada à luz destas considerações. É motivo de preocupação que, na fundamentação da Proposta que apresentou, a Comissão refira apenas que a definição de infrações e de sanções penais «*podem* revelar-se úteis» – «*may* prove to be *essential*», na versão inglesa –[237] «a fim de garantir a efetiva execução da legislação da UE relativa aos serviços financeiros». Acrescentando-se, de seguida, que isso «inclui uma avaliação, baseada em dados claros e factuais, (...) dos regimes de execução nacionais em vigor e do valor acrescentado de normas mínimas comuns no âmbito da UE em matéria de direito penal, tendo em conta os princípios da necessidade, da proporcionalidade e da subsidiariedade»[238].

No entanto, estes «dados claros e factuais» são difíceis de encontrar na proposta. Mais. A Comissão, depois de referir que as infrações penais entre os Estados-Membros divergem «consideravelmente» e de assinalar de forma vaga que «carecem de impacto» e que não são «suficientemente dissuasivas», afirma que «normas mínimas sobre infrações e sobre sanções penais por abuso de mercado (...) podem contribuir para assegurar a eficácia da política da União neste domínio, refletindo uma desaprovação social de uma natureza qualitativamente diferente das sanções administrativas ou dos

---

[236] Cf. Relatório (nota anterior), *Proposta de Resolução do Parlamento Europeu*, ponto Q, 2. e 3.
[237] COM (2011) 654 (cf. *supra*, nota 215), p. 3, itálicos nossos.
[238] Cf. p. 2 e 3.

mecanismos de indemnização previstos pelo direito civil»[239]. Convoca-se, assim, a abstrata dimensão simbólica do direito penal para o legitimar – uma desaprovação social «qualitativamente diferente» do direito penal – e não se faz prova, como se deve, da sua necessidade em concreto.

Uma exigência de fundamentação da intervenção penal é tanto maior quanto, com o Tratado de Lisboa, resultou para a União um poder de criar direito penal numa base *funcionalista*. Do nosso ponto de vista, o que acentua a questão da legitimidade que está em causa com a atribuição desta nova competência penal ao legislador europeu em relação à intervenção penal nos domínios tradicionais dos euro-crimes. Com a nova intervenção penal o problema não pode correr o risco de se resolver num problema de mera competência e deve centrar-se na legitimidade da intervenção de acordo com um rigoroso princípio da necessidade ou *ultima ratio*. Esta preocupação foi especificamente manifestada pelo Tribunal Constitucional alemão, que, em 2009, expressou reservas a uma excessiva utilização por parte da União em relação às suas novas competências penais.[240] O Tribunal sublinhou que a nova competência atribuída na base do disposto no artigo 83º, nº 2, do Tratado sobre o Funcionamento da União Europeia «traz consigo o risco de poder ser ilimitada».[241] E que, precisamente para o evitar, deve ser feita uma «interpretação constitucional» e «restritiva» desta norma. O que é possível, tendo em conta que se deve «provar» que a adoção de legislação penal europeia é «essencial para assegurar a execução eficaz das políticas da União na área que já tenha sido sujeita a medidas de harmonização». Sendo que, para o Tribunal, como consequência, «deve ser demonstrado que realmente existe um sério défice relativamente à aplicação (do direito da União) e que só pode ser resolvido com a ameaça de sanção (criminal)».[242]

É, pois, importante ter em conta que é uma consideração do caráter *necessário (indispensável)* da intervenção penal baseada em prova relevante a partir de investigação criminológica e de dados empíricos e literatura científica que pode fazer com que aquela condição funcione realmente

---

[239] Cf., p. 3.
[240] Cf. Acórdão do Tribunal Constitucional alemão, de 30 de junho de 2009 (*Case 2 BvE 2/08, BvE 5/08, 2 BvR 1010/08, BvR 1022/08, BvR 1259/08, BvR 182/09 (2009)*, nº 226 e 358), no sentido de o artigo 83º, nº 2, TFUE, dever ser interpretado restritivamente.
[241] Cf. nº 361.
[242] Cf. nº 362.

como limitadora da utilização do direito penal e se assuma como um critério legitimador materialmente definido[243]. Só esta abordagem baseada em prova pode fornecer o consistente lastro a um juízo material sobre a necessidade de uma legítima intervenção penal concreta. Como referiu exemplarmente o Advogado Geral *Ján Mazák*, no seu parecer no Acórdão *Poluição*, «pode ser demasiado simples defender que o direito penal é sempre o remédio adequado para a falta de eficácia»[244].

A jurisprudência do Tribunal de Justiça, em sede de eficácia do direito comunitário é, aliás, de auxílio a suportar a (espécie de) demonstração exigida da necessidade ao legislador europeu em ordem a legitimar a intervenção penal que se verifique com base no disposto no artigo 83º, nº 2, TFUE.[245] Como bem se salienta, se se considerar «suficiente» ver o direito penal europeu «como um *símbolo* para preencher a condição da eficácia, contradiz-se a asserção de que o princípio da eficácia deve basear-se em critérios objetivos»[246].

Não se deve obscurecer o facto de que a questão dos limites ao exercício do poder de fiscalização do Tribunal relativamente à *necessidade* da intervenção legislativa comunitária em ordem a realizar objetivos visados revela, por vezes – sendo, como é, uma questão controvertida –, uma abordagem muito deferente daquela Instância em relação ao poder legislativo. Já defendeu, designadamente, que só o caráter «manifestamente inadequado» de uma medida «em relação ao objetivo que a instituição competente pretende prosseguir pode afetar a legalidade de tal medida»[247]. E, no exercício desse

---

[243] Sobre a questão, cf., designadamente, MARTA MIGLIETTI, «The first exercise of Article 83(2) TFEU under review: an assessment of the essential need of introducing criminal sanctions», *New Journal of European Criminal Law*, Vol. 5, Issue 1, 2014, p. 16s; JACOB OBERG, *New Journal of European Criminal Law*, 2014, cit., p. 376s; e MICHAEL G. FAURE/CLAIRE LEGER, «The directive on criminal sanctions for market abuse: a move towards harmonizing inside trading criminal law at the EU level?», *Brooklyn Journal of Corporate, Financial and Commercial Law*, Volume 9, Issue 2, 2015, p. 387s. (p. 417s.).

[244] Cf. Parecer do Advogado Geral *Ján Mazák*, no Caso C-440/05, de 23 de outubro de 2007 (Parecer de 28 de junho de 2007), §117, referindo-se, implicitamente, à importância de se obterem contributos criminológicos.

[245] Nesta via, JACOB OBERG, New *Journal of European Criminal Law*, 2014, cit., p. 379s, que se segue.

[246] *Vide* ESTER HERLIN-KARNELL, *German Law Journal*, 2010, cit., p. 1124.

[247] Cf., a título exemplificativo, o Acórdão do Tribunal de Justiça (Grande Secção), de 14 de dezembro de 2004, *Swedish Match AB, Swedish Match UK Ltd contra Secretary of State For Health*

poder de fiscalização no âmbito penal, o mesmo Advogado-Geral *Ján Mazák*, que advertia para um juízo simplista na utilização do direito penal[248], não se coibiu de defender – em nosso entender, de acordo com uma perspetiva que resvala para o mais puro funcionalismo – que o ponto de vista do Conselho segundo o qual medidas penais são «indispensáveis» ou «necessárias» para assegurar a execução eficaz de uma política comunitária (no caso, ambiental) constitui prova suficiente dessa exigência de necessidade[249].

Está em causa, entretanto – tendo em atenção que estamos no domínio da intervenção *penal*, particularmente gravosa dos direitos fundamentais das pessoas –, não abdicar do reconhecimento da raiz do poder de fiscalização judicial da atividade legislativa. Que radica no «dever dos tribunais» de «proteger o princípio do Estado de Direito»[250]. Desta forma, nem a avaliação da necessidade pode ser uma questão meramente política, nem a sua demonstração pode ser evasiva. Aceitar que assim pudesse ser significaria, por parte do Tribunal, eximir-se da sua responsabilidade de «garantir que o que pode ser politicamente eficiente num dado momento» deve estar «em conformidade com o princípio do Estado de Direito» e, assim, de «reafirmar os limites que o Direito impõe a determinadas decisões políticas». É neste sentido que se defende[251] que o Tribunal deve apreciar a fundamentação e a prova que o legislador está obrigado apresentar tendo em vista a legitimação da opção penal que toma para assegurar a execução eficaz do direito da União naquele específico domínio em que se propõe intervir.[252]

(C-210/03), §48 (vide, também, §§ 36 a 45). Sobre esta jurisprudência, cf. JACOB OBERG, New *Journal of European Criminal Law*, 2014, cit., p. 381.

[248] Cf. *supra*, nota 243.

[249] Cf. Parecer (cf. *supra*, nota 243), §§ 102, 112, 119. Ver, designadamente, este último parágrafo, onde se aduz que as questões de saber se as medidas penais são «indispensáveis» ou necessárias requerem, «não só uma análise 'objetiva' do fundamento jurídico ou da política em causa, *mas também uma margem de apreciação. De acordo com esta perspetiva, não foi por acaso que o Tribunal de Justiça fez referência às medidas de direito penal que o legislador comunitário 'considera necessárias' e que declarou que o 'Conselho entendeu que as sanções penais eram indispensáveis'*» (itálico nosso).

[250] Assim, Parecer do Advogado-Geral *Poiares Maduro*, apresentadas em 23 de janeiro de 2008, no Processo C-415/05 P *Al Barakaat International Foundation contra Conselho da União Europeia e Comissão das Comunidades Europeias*, §35. Cf., também, para o que se segue, §§ 34 e 45.

[251] Aponta neste sentido, JACOB OBERG, *New Journal of European Criminal Law*, 2014, cit, p. 384.

[252] No sentido do reconhecimento, por parte do Tribunal de Justiça, do seu dever, de acordo com os Tratados, de controlar judicialmente o exercício das competências do legislador europeu, cf., Acórdão *Reino de Espanha contra Conselho da União Europeia* (C-310/04), de 7 de

O que se pretende evidenciar é, assim, que um correto entendimento do poder de fiscalização judicial da atividade do legislador europeu – para que se aponta, indo ao encontro, de resto, também, da jurisprudência do Tribunal de Justiça – ou, de acordo com outra perspetiva, que *rule of law* implica para o legislador o dever de apresentar elementos precisos e concretos que, em função das circunstâncias da situação em causa, justificam a *necessidade* da intervenção *penal* para assegurar a eficácia do direito da União.

2.3. A criminalização do abuso de mercado ao nível europeu

A questão em apreço é a de saber se a *Diretiva Abuso de Mercado* satisfaz as exigências que o respeito pelo critério da necessidade impõe à intervenção penal neste domínio a nível da União Europeia. Trata-se[253], assim, de apreciar se é fornecida pelo legislador europeu prova suficiente de que – tal como já

---

setembro de 2006; Acórdão *Comissão Europeia e outros contra Kadi II*, (C-584/10 P, C-593/10 P e C-595/10 P), de 18 de julho de 2013, §§118, 119 e 124 (destaca-se, do § 118: «(...) o juiz da União deve verificar o respeito pela autoridade competente da União (...) do dever de fundamentação previsto no artigo 296º TFUE (...), *nomeadamente, o caráter suficientemente preciso e concreto dos fundamentos invocados.*»(itálicos nossos); do § 119 «(...) a fiscalização jurisdicional não se limita à apreciação da probabilidade abstrata dos motivos invocados, tendo antes por objeto a questão de saber se estes motivos (...) têm fundamento.»; e do § 124: «Se (...) a autoridade competente da União fornecer informações ou elementos de prova pertinentes, o juiz da União deve verificar a exatidão material dos fatos alegados (...) e apreciar a força probatória destes últimos em função das circunstâncias do caso concreto (...)»; e, ainda, o Acórdão *República Federal da Alemanha contra Parlamento Europeu e Conselho da União Europeia (publicidade e patrocínio dos produtos do tabaco)*, Caso C-376/98, de 5 de outubro de 2000, §§ 84, 85 e 86 (destaca-se, do § 84: «(...) se a mera constatação de disparidades entre as regulamentações nacionais bem como do risco abstrato de entraves às liberdades fundamentais ou de distorções de concorrência fosse suficiente para justificar a escolha do artigo (...) como base jurídica, *a fiscalização jurisdicional do respeito da base jurídica ficaria privada de eficácia. O Tribunal de Justiça seria então impedido de exercer a função*, que lhe incumbe por força do artigo 164º do Tratado CE (atual artigo 220º CE), *de garantir o respeito do direito na interpretação e aplicação do Tratado.*» (itálicos nossos); do §85: «É assim que (...) *o Tribunal de Justiça deve verificar se o ato cuja validade é posta em causa prossegue efetivamente os objetivos invocados pelo legislador comunitário. (...)*»(itálicos nossos); e do § 86: «É um fato que (...) o recurso ao artigo (...) como base jurídica *é possível* a fim de evitar o aparecimento de obstáculos futuros às trocas (...). Todavia, *o aparecimento de tais obstáculos deve ser verosímil e a medida em causa deve destinar-se à sua prevenção*». (itálicos nossos).

[253] Não se cura aqui de identificar qual o bem jurídico que está em causa proteger, eventualmente através do direito penal. Sobre esta discussão, que se faz quer de uma perspetiva nacional quer europeia e internacional, *vide*, por todos, FREDERICO COSTA PINTO, *O novo regime dos crimes e contraordenações no Código dos Valores Mobiliários*, Almedina, 2000, p. 64s e 93s.

referimos que defendeu o Tribunal Constitucional Alemão[254] – existe um défice de execução do direito da União que só pode ser ultrapassado através daquela intervenção penal. Só a demonstração, em termos concretos, de que a execução do direito da União levada a efeito nos Estados-Membros não é suficiente vai ao encontro da interpretação restritiva, (também) exigida pela própria letra do artigo 83º, nº 2, TFUE, ao atribuir uma competência penal *anexa* ao legislador europeu. Assim, apelar abstratamente, como se faz para fundamentar a proposta de Diretiva, à necessidade de realização do objetivo de assegurar a execução da política da União Europeia no combate ao abuso de mercado através da harmonização penal das legislações nacionais não satisfaz o critério da necessidade de acordo com o sentido que se lhe vem atribuindo.[255]

Na verdade, da análise dos argumentos apresentados na proposta para fundamentar a intervenção penal resulta que eles são vagos, genéricos e simbólicos.

Assim,[256] afirma-se que o abuso de mercado «pode ocorrer além-fronteiras» e que «as abordagens divergentes nos Estados-Membros quanto à imposição de sanções penais (...) permitem uma certa margem de manobra aos infratores que, muitas vezes, aproveitam os sistemas de sanções mais permissivas. (...). Contar com normas mínimas no quadro da UE sobre as formas de abuso de mercado consideradas condutas criminosas contribui para solucionar este problema».[257] Quanto a este aspeto, chama-se a atenção,

---

[254] Cf., §362 (*supra*, nota 240).

[255] Cf., a este propósito, Conselho Federal alemão, *Decision of the Bundesrat. Proposal for a directive of the European Parliament ando f the Council on criminal sanctions for insider dealing and market manipulation*, 646/11 (*Decision*), 16-12-11, p. 3, 2º travessão: «Defender, como é o caso na proposta de diretiva, que (a legislação penal ao nível da UE) pode contribuir para ultrapassar um problema ou pode ter um efeito positivo para atingir um objetivo não constitui a *substantivação* da natureza essencial de tal legislação» (itálico nosso). No mesmo sentido, *vide*, Parlamento Federal alemão (cf., *supra*, nota 225), nº 6, p.5.

[256] Note-se que os argumentos avançados para justificar a intervenção penal a nível europeu, atinentes ao *«forum shopping»*, ao «reforço da perseguição» e ao «efeito dissuasivo» (que, de seguida, se referem em texto) não foram demonstrados em concreto na avaliação de impacto levada a efeito pela Comissão, que se socorreu de generalizações não fundamentadas. Cf. *Impact Assessment* (cf., *supra*, nota 205), p. 27 e 53 (quanto ao argumento *forum shopping*); p. 166 (quanto ao reforço de perseguição penal); e p. 28, 52 a 53; 126, 165 e 168 (quanto ao argumento dissuasivo da lei penal).

[257] COM (2011) 654 final, ponto 3.3.2., p. 5. Cf., também, Considerando nº7.

desde logo, para que a Comissão não suporta esta asserção em referências concretas – o que o Parlamento Europeu não deixou de assinalar, embora não retirasse daí consequências. E, consequentemente, para o facto de que a mera invocação da adoção de regras mínimas pela União poder solucionar o problema resultante do caráter transfronteiriço das infrações, sem uma clara fundamentação do valor acrescentado da intervenção a este nível, significa cair numa justificação tautológica da harmonização[258] levada a efeito com base nessa mesma natureza transfronteiriça das infrações. Depois, defende-se na proposta que «contar com normas mínimas comuns sobre a definição das infrações penais (...) facilita a cooperação das autoridades da União, sobretudo tendo em conta que as infrações, em muitos casos, assumem uma dimensão transfronteiriça».[259] Mas, tal como já evidenciámos em relação à harmonização, também a facilitação da cooperação não é um fim em si mesmo, o que, a não se entender assim, faria do princípio da necessidade letra-morta. Para além disso, a Comissão aduz ainda que «as normas mínimas sobre infrações penais e sobre sanções penais por abuso de mercado (...) podem contribuir para assegurar a eficácia desta política da União, refletindo uma desaprovação social de uma natureza qualitativamente diferente das sanções administrativas ou dos mecanismos de indemnização previstos pelo direito civil».[260] É, agora, o apelo à função dissuasiva em geral do direito penal que se faz, sem a necessária justificação substancial da sua bondade no domínio específico da luta contra o abuso de mercado Em suma: todas as hipóteses levantadas pela Comissão podem ter algo por si, mas os elementos de prova para o sustentar não são

---

[258] Neste sentido, cf. MARTA MIGLIETTI, *New Journal of European Criminal Law*, 2014, cit., p. 17. Note-se que o argumento do *forum shopping*, recorrentemente invocado, não se suporta em dados empíricos que permitam sustentar a deslocalização do crime nessa base. Assim, especificamente para o crime de informação privilegiada, MIHAEL G. FAURE/ CLAIRE LEGER, *Brooklyn Journal of Corporate, Financial and Commercial Law*, 2015, cit., chamam a atenção para o facto de a entrada em vigor da Diretiva Abuso de Mercado só levar à criminalização *ex novo* em um Estado-Membro – a Bulgária –, pelo que o argumento careceria que se demonstrasse com prova empírica que esse Estado estava flagelado por práticas graves de informação privilegiada (p. 420). Por seu turno, salientando que o argumento assenta na presunção de que as pessoas que cometem este tipo de crime são conhecedoras do direito penal comparado e fazem escolhas fundadas nessa base, o que não foi, até agora, provado, ANDRÉ KLIP, *European Journal of Crime, Criminal Law and Criminal Justice*, 20, 2012, cit., p. 4.
[259] COM (2011) 654 final, ponto 1, p. 4. Cf., também, Considerando nº 7.
[260] COM (2011) 654 (nota 83), l, ponto 1, p. 2. Cf., também, Considerando nº 6.

apresentados, como aliás lamenta o Conselho Federal alemão, referindo a falta de «prova concreta» quanto aos problemas suscitados e às consequências derivadas da existência de sistemas sancionatórios divergentes.[261]

O défice de fundamentação da proposta não é ilidido pelos resultados das consultas às partes interessadas ou das avaliações de impacto. Com efeito, foram levados em conta diversos documentos[262] e resultados de diversas conferências públicas e de consultas, que não fornecem «prova factual clara» da necessidade de intervenção penal a nível europeu[263]. E no relatório de avaliação de impacto observa-se ainda que, ao arrepio da conclusão assertiva constante da proposta de diretiva – no sentido de que era essencial *impor* aos Estados-Membros a introdução de sanções penais[264]-, a Comissão reconheceu que, de uma forma geral, os diversos contributos ofereceram uma resposta «muito mesclada» à questão da harmonização de sanções *penais* no domínio dos mercados financeiros.[265] Em especial, o relatório da *Autoridade Europeia dos Valores Mobiliários e dos Mercados (ESMA)* expressa reservas pela opção criminal a nível europeu, perante a complexidade, duração e custos inerentes à investigação criminal em face das

---

[261] Cf. *Decision of the Bundesrat* (cf. *supra*, nota 254), p. 3, 3º travessão, 1ª Parte.

[262] Cf. *Relatório CARMEVM 08-099*, Fevereiro de 2008, publicado pelo *Comité das Autoridades de Regulamentação dos Mercados Europeus de Valores Mobiliários* (CARMEVM sobre medidas e sanções administrativas, bem como sanções penais, nos Estados-Membros, de acordo com a diretiva relativa ao abuso de mercado), referido em COM (2011) 654 final, ponto 2., p. 4 e 5, que, como já foi assinalado (cf. MARTA MIGLIETTI, *New Journal of European Criminal Law*, 2014, cit., p. 18), fornece uma panorâmica sobre as diferenças nos Estados-Membros, mas não «uma avaliação das possíveis ações da União neste domínio».

[263] Neste sentido, cf. MARTA MIGLIETTI, *New Journal of European Criminal Law*, 2014, cit., p. 20 e 21. Salientando que os argumentos apresentados na fundamentação da Diretiva são «abstratos» e «simbólicos», na medida em que se baseiam em conferências e consultas, MIHAEL G. FAURE/ CLAIRE LEGER, *Brooklyn Journal of Corporate, Financial and Commercial Law*, 2015, cit., p. 421.

[264] Assim, COM (2011) 654 final, cit., ponto 2, p. 5: «A avaliação de impacto concluiu que (...) era essencial *impor* aos Estados-membros a introdução de sanções *penais* para as infrações mais graves de abuso de mercado, de maneira a assegurar a execução eficaz da política da União em matéria de abuso de mercado» (itálicos nossos).

[265] Cf. *Impact Assessment* (cf. supra, nota 205), p. 55. Acrescente-se, ainda, que muitos contributos não se referem ou não levantam questões quanto ao recurso a sanções penais, chamando a atenção para o efeito dissuasor de certas sanções administrativas.

vias administrativa ou civil.[266] O que «explica» a conclusão inconsistente constante da avaliação de impacto de que a previsão de incriminações e de sanções penais ao nível da União «*parece poder conduzir* ao êxito da perseguição das atividades de abuso de mercado e contribuir para assegurar o funcionamento eficaz do mercado interno»[267]. O que não satisfaz, como resulta claro, o nível de exigência colocado pelo critério de necessidade para legitimar a incriminação.

É o Conselho Federal alemão que o afirma[268]: a Diretiva não trata da questão de saber «se» e «porquê» a harmonização do direito penal neste domínio seria necessária (essencial) para dar execução à política da União Europeia de luta contra as mais graves formas de abuso de mercado. O que significa, note-se, não justificar *materialmente* a intervenção penal a nível europeu. Com efeito, e continuando a apelar-se à decisão do Conselho Federal alemão,[269] lamenta-se a falta de «prova concreta» das consequências da divergência de legislações nacionais, designadamente a «deslocação das atividades criminosas». Chama-se a atenção para que a «possibilidade meramente teórica» de que se retirem vantagens das diferenças entre os sistemas nacionais é apresentado como uma «consideração geral teórica», válida para todos os domínios em que os direitos penais nacionais não estão harmonizados e «não pode servir para demonstrar a natureza essencial das medidas propostas». E acrescenta-se[270] que fundamentar a intervenção penal na natureza transfronteiriça da criminalidade apenas vale para os domínios da criminalidade elencados no nº 1, do artigo 83º, TFUE, onde o abuso de mercado não está incluído.

---

[266] Cf. *European Securities and Market Authority response to the Communication on reinforcing sanctioning regimes in the financial services sector*, 2011 (ESMA/2011/64). Note-se a referência (p. 9) a que *a escolha do tipo de sanção, criminal ou de outra natureza*, a prever para as infrações no sector financeiro *devia ser deixada aos Estados-Membros* e a como a vasta gama de sanções administrativas disponíveis na sequência da adoção da diretiva relativa ao abuso de mercado de 2003 se tinha revelado positiva (itálicos nossos).
[267] Cf. *Impact Assessment* (cf. supra, nota 205), p. 57. Esta conclusão reforça o fato de que o critério da «necessidade» não foi satisfeito.
[268] Cf. *Decision of the Bundesrat* (nota 254), p. 3, 1º travessão.
[269] Cf. 3º travessão, 1ª parte
[270] Cf.3º travessão, 2ª parte.

Na linha da mesma exigência de justificação da intervenção penal a nível europeu, também o Parlamento Federal alemão afirmou[271]que «não é claro» porque, para proteger o valor do «mercado financeiro íntegro e eficiente», o sancionamento penal proposto é «essencial», de acordo com a interpretação restritiva exigida. Este critério «não é satisfeito», acrescenta-se, através de «meras referências vazias formuladas quanto às diferenças sancionatórias nos Estados-Membros»[272], o que, no limite, se concorda que «poderia justificar uma intervenção penal do legislador europeu em todos os domínios em que as legislações penais nacionais são divergentes»[273], nem quando não se fornecem «explicações específicas»[274]sobre as razões pelas quais o direito existente na União Europeia, de caráter não penal, não pode assegurar nos Estados-Membros uma execução eficaz da disciplina do abuso de mercado.

Prosseguir uma política criminal europeia mais consistente e mais coerente[275] é um objetivo que ganhou premência depois da entrada em vigor do Tratado de Lisboa e da consagração da nova e tão controversa competência penal *anexa* da União Europeia. Trata-se de uma questão que assume relevo ao nível da legitimação do direito penal europeu, convocando a identificação e a densificação dos critérios que justificam que a iniciativa de intervenção penal ocorra ao nível da União em vez de se verificar nos Estados-Membros. O «valor acrescentado» do direito penal europeu deve procurar-se, para cada iniciativa legislativa, como é o caso aqui apreciado da *Diretiva Abuso de Mercado*, nos aspetos que conferem substância à necessidade da intervenção penal a nível europeu para lutar contra as fraudes graves ao regime dos mercados financeiros. Em ligação com o princípio da subsidiariedade da intervenção da União, o critério da necessidade revelou-se a partir da sua validade como princípio político-criminal utilizado nos Estados-Membros e tem logrado consagração na jurisprudência do Tribunal de Justiça, que contribuiu para a sua identificação e densificação, reclamando «prova factual clara».

---

[271] Cf. *German Bundestag* (cf. *supra*, nota 226), p. 1, A.
[272] Cf. nº 4.
[273] Cf. nº 7, 1ª parte
[274] Assim, expressamente, *German Bundestag* (cf. *supra*, nota 226), nº 7, 2ª parte.
[275] Cf. COM (2011) 573 final, cit., p. 3.

Pela via comunitária, tinha-se operado um efeito integrador muito relevante ao nível da disciplina dos mercados financeiros, com efeitos notórios e visíveis ao nível das legislações penais nacionais. O movimento de criminalização fez-se sentir na esmagadora maioria dos Estados-Membros, apesar da ausência de obrigação formal de incriminação. Como se deixou assinalado, quanto às infrações, escassíssimos Estados- Membros não incriminaram a informação privilegiada ou a manipulação de mercado, embora no domínio sancionatório o panorama fosse diferente, revelando-se grandes disparidades a esse respeito.

A *Diretiva Abuso de Mercado*, surge, em 2014, neste cenário, não logrando fundamentar-se em dados concretos que justificassem, *a nível europeu*, a necessidade da intervenção penal. E, algo paradoxalmente, perante uma incriminação generalizada das atividades ilícitas mais graves de abuso de mercado, a atenção do legislador europeu continuou a concentrar-se na definição de comportamentos ilícitos e menosprezou o lado sancionatório. A ter-se comprovado a necessidade da intervenção penal, ela justificaria que se fizesse incidir no domínio sancionatório. O que não se fez, permanecendo-se preso ao velho modelo com origens no *milho grego* e ao enganador sistema dos limites mínimos da pena máxima de prisão, de escasso efeito harmonizador, por um lado, mas com repercussões na exasperação punitiva, de outro lado.

Desta forma, é este mais um caso a servir de alerta para o perigo de um direito penal europeu securitário. Sendo que, por sobre tudo isto, a questão da legitimidade da intervenção penal a nível europeu no domínio do abuso de mercado não foi respondida pelo legislador europeu: é necessária?

3. O branqueamento

Neste domínio,[276] o objetivo é começar por analisar o enquadramento de prevenção e punição do branqueamento à luz dos principais instrumentos com relevo na matéria, adotados quer ao nível internacional, quer em sede «regional» da União Europeia. Apreciar-se-á, de seguida, o sentido político-criminal da harmonização, tomando por referência os ordenamentos jurídicos de Portugal, da Região Administrativa Especial de Macau (RAEM) e do Brasil e analisando o seu efeito nas respetivas legislações

---

[276] Assinala-se que, na nossa análise, tem-se em vista apenas o branqueamento e não o financiamento ao terrorismo.

penais, do ponto de vista da configuração típica da incriminação, pelo que se refere às atividades de branqueamento e sua ligação com os factos típicos ilícitos antecedentes. Finalmente, abordar-se-á o sistema de prevenção do branqueamento, de acordo com a mais recente lei de combate ao branqueamento, adotada em 2017.[277]

3.1. O quadro internacional e da União Europeia de prevenção e punição do branqueamento

No TFUE,[278] o branqueamento é hoje identificado como um dos «domínios da criminalidade, particularmente grave, com dimensão transfronteiriça», em que a União Europeia tem competência penal para legislar, tendo em vista alcançar a harmonização dessa infração penal, no sentido da aproximação das legislações penais dos Estados-Membros. Diferente era o caso no Tratado da União Europeia, na sua versão de *Amesterdão*, em que este domínio da criminalidade não aparecia expressamente mencionado.[279] Ao tempo, o branqueamento era apenas apontado no *Plano de Ação de Viena*, de 1998[280], na medida em que era referido em sede de vantagens dos crimes ali elencados. E surgia ainda nas *Conclusões de Tampere* (1999)[281], onde aparecia apontado, desde logo, como um dos domínios em que se devia levar a efeito a aproximação de legislações penais; e onde, além disso, na secção[282] dirigida à *Ação específica contra o branqueamento de capitais*, se mencionava a «aproximação do direito penal e dos procedimentos relativos à luta contra o branqueamento de capitais (designadamente, deteção, congelamento e confisco de fundos)».

De qualquer modo, sendo embora controvertida a competência da União Europeia para, no âmbito do *Tratado de Amesterdão*, legislar neste domínio, em matéria penal[283], isso não impediu o Conselho da União Europeia, em

---

[277] Lei nº 83/2017, de 18 de agosto, que adota medidas de combate ao branqueamento de capitais e ao financiamento ao terrorismo.
[278] Cf. Artigo 83º, nº 1, TFUE.
[279] Tal não acontecia, nem no Artigo 31º, nº 1, alínea e), nem no Artigo 29º, Tratado da União Europeia (TUE).
[280] JO C 19, 23-01-1999, ponto 46.
[281] Conselho Europeu de Tampere, 15 e 16 de Outubro de 1999 (cf. Conclusões 48 e 55).
[282] Cf. Secção X, Conclusões de Tampere.
[283] A questão do âmbito da competência penal da União Europeia tem ocupado a doutrina nacional. Hoje, depois da entrada em vigor do Tratado de Lisboa, está definido – não só para efeitos de harmonização de direito penal, mas também de direito processual penal – em termos

26 de Junho de 2001, de adotar a Decisão-Quadro relativa ao branqueamento de capitais, à identificação, deteção, congelamento, apreensão e perda dos instrumentos e produtos do crime[284]. Desde então, e já depois da aprovação do Tratado de Lisboa, manteve-se até ao momento presente[285], como o único instrumento legislativo adotado, com efeito vinculativo em matéria penal para os Estados-Membros[286], apesar de se terem multiplicado as iniciativas políticas a chamar a atenção para o problema e de ser de assinalar a existência de uma proposta de diretiva penal[287].

A este propósito, são de referir o *Programa da Haia* (2005)[288] e o *Plano de Ação do Programa da Haia para o reforço da liberdade, segurança e justiça na União Europeia*[289], que continham desenvolvimentos sobre o tema, fazendo-se notar neste *Plano de Ação* que a União Europeia devia, não só acompanhar a *Convenção do Conselho da Europa*, de 2005, relativa ao branqueamento, deteção, apreensão e perda dos produtos do crime e ao financiamento do terrorismo (*Convenção de Varsóvia*), mas também levar a efeito a segunda avaliação sobre o cumprimento da Decisão-Quadro em vigor[290]. Por sua vez,

---

(mais) claros, nos artigos, respetivamente, 83º e 82º, nº 2, TFUE. Sobre isto, dando conta do estado da questão, pode ver-se ANABELA MIRANDA RODRIGUES, Artigos 82º e 83º, *Tratado de Lisboa. Anotado e Comentado*, Manuel Lopes Porto e Gonçalo Anastácio (coordenação), Almedina, 2012. Considerando expressamente a Decisão-Quadro relativa ao branqueamento, PEDRO CAEIRO, «A Decisão-Quadro do Conselho, de 26 de Junho de 2001, e a relação entre a punição do branqueamento e o facto precedente. Necessidade e oportunidade de uma reforma legislativa», *Liber Discipulorum para Jorge de Figueiredo Dias*, cit., 2003, p. 1070 s.

[284] Decisão-Quadro do Conselho, de 26 de Junho de 2001 (2001/500/JAI), publicada em JO L 182/1, 5-07-2001.

[285] Foi aprovada, quando se procedia à revisão de provas do presente texto, a Diretiva (UE) 2018/1673, de 23 de outubro de 2018, relativa ao combate ao branqueamento de capitais através do direito penal.

[286] Referimo-nos à obrigação de transposição das decisões-quadro – por contraposição ao que se passava com as «acções comuns» (sobre isto, cf. ANABELA MIRANDA RODRIGUES e JOSÉ LUIS LOPES DA MOTA, *Para uma política criminal europeia. Quadro e instrumentos jurídicos da cooperação judiciária em matéria penal no espaço da União Europeia*, Coimbra Editora, 2002), instrumento legislativo penal, previsto no Tratado de Maastricht –, que, nos termos do art. 34º, n 2, alínea b), «*vinculam* os Estados-Membros quanto ao resultado a alcançar, deixando, no entanto, às instâncias nacionais a competência quanto à forma e aos meios» (itálico nosso).

[287] Cf., *infra*, nota 298.

[288] JO C 236, 24-09-2005.

[289] JO C 198, 12-08-2005.

[290] Sobre a primeira avaliação efectuada, cf. infra, ponto 3.2.1.

o *Programa de Estocolmo* (2010)[291] alertava para a necessidade de, no âmbito da luta contra o branqueamento de capitais, fomentar a troca de informações entre as *Unidades de Informação Financeira (UIF)* e o *Plano de Ação* deste *Programa*[292] referia expressamente o propósito da Comissão Europeia de apresentar uma proposta legislativa para atualizar a Decisão-Quadro. Em 15 de Outubro de 2011, o Parlamento Europeu pedia à Comissão para fornecer um quadro geral para a criminalização do branqueamento de capitais[293] e, em 12 de Setembro de 2012, o Presidente da Comissão Europeia incluiu, na *carta* que dirigiu ao Parlamento Europeu, a previsão de ações para combater o branqueamento de capitais entre as medidas a serem estabelecidas no *Programa de Trabalho da Comissão de 2013*[294]. Note-se que tudo isto se inseria e estava de acordo com os objetivos estratégicos da Comissão, definidos na sua *Comunicação* ao Parlamento Europeu, ao Conselho, ao Comité Europeu Económico e Social e ao Comité das Regiões, «Rumo a uma política criminal da União Europeia: garantir a aplicação efetiva das políticas da União Europeia através do direito penal»[295].

Uma referência é ainda devida ao *Projeto de Relatório* do Parlamento Europeu «sobre a criminalidade organizada, a corrupção e o branqueamento de capitais: recomendações sobre medidas e iniciativas a desenvolver *(relatório final)*»[296], de 10 de Junho de 2013, no âmbito do qual se apresentou uma *Proposta de Resolução do Parlamento Europeu* sobre a matéria, em que, considerando «que o branqueamento de capitais assume formas cada vez mais sofisticadas» *(ponto Y)*, se convidava «a Comissão a apresentar até 2013 a sua proposta de harmonização do direito penal em matéria de branqueamento de capitais», «a fornecer, nesta proposta, uma definição comum do crime de autobranqueamento com base nas melhores práticas dos Estados-Membros» e a «considerar como infrações subjacentes (ou

---

[291] JO C 115, 04-05-2010.
[292] COM (2010) 171 final, 20-04-2010.
[293] Citado por TODOR KOLAROV, «Confronting money laundering in the European Union», http./ejournal.vfu.bg/bg/pdfs/todor_kolarov_confronting_money_laundering_in_the_european_union.pdf. (consultado em 19 de Maio de 2014).
[294] Cf. European Commission, Roadmap 10/2012 – Proposal to harmonize the criminal offence of money laundering in the EU (DG HOME A.1).
[295] COM (2011) 573 final.
[296] Parlamento Europeu, Comissão Especial sobre a Criminalidade Organizada, a Corrupção e o Branqueamento de Capitais, 2013/2107(INI),106.2013, Relator: Salvatore Iacolino.

principais) as consideradas graves na medida em que sejam suscetíveis de proporcionar lucro aos seus autores» (*ponto 7*).

Um compromisso de harmonização das «infrações penais» e das «sanções penais em matéria de branqueamento de capitais» foi, de novo, assumido pela Comissão, no âmbito mais específico de um *Plano de Ação de reforço da luta contra o financiamento do terrorismo*, na sua *Comunicação* ao Parlamento Europeu e ao Conselho, de 2 de Fevereiro de 2016[297], onde a certo passo se refere que a Comissão «impulsionará» uma proposta legislativa visando a referida harmonização «o mais tardar no 4º trimestre de 2016». Este compromisso teve o seu fruto com a apresentação, em 2016, da Proposta de Diretiva relativa ao combate ao branqueamento através do direito penal.[298]

A despeito de a União Europeia ter evidenciado ao longo dos anos dificuldades em legislar neste domínio – ao que deve ser dado, depois da entrada em vigor do Tratado de Lisboa, especial ênfase –, a verdade é que, no contexto internacional, designadamente em sede que releva no âmbito penal, esta é hoje – e assim acontecia ao tempo da instituição, com o Tratado de *Maastricht*, da União Europeia – uma matéria já coberta por vários instrumentos internacionais, de que é relevante destacar, em primeiro lugar, a *Convenção das Nações Unidas*, de 1988, relativa ao tráfico de estupefacientes e de substâncias psicotrópicas (*Convenção de Viena*), que referia o branqueamento de capitais como uma ameaça global. Em segundo lugar, as quarenta e nove *Recomendações* do *Grupo de Ação Financeira* (*GAFI*), de 1990, revistas em 1996, 2001, 2003 e 2012, reconhecidas pela comunidade internacional como um instrumento global de combate ao branqueamento e também ao financiamento ao terrorismo de especial importância. Em terceiro lugar, a *Convenção do Conselho da Europa*, de 1990, relativa ao branqueamento, deteção, apreensão e perda dos produtos do crime (*Convenção de Estrasburgo*), substituída pela *Convenção do Conselho da Europa*, de 2005, relativa ao branqueamento, deteção, apreensão e perda dos produtos do crime e ao financiamento do terrorismo (*Convenção de Varsóvia*). Em quarto lugar, a *Convenção das Nações Unidas* de *2000* relativa à criminalidade transnacional organizada (*Convenção de Palermo*). E, em quinto lugar, a *Convenção*, também das *Nações Unidas*, de *2003*, relativa à *corrupção*.

---

[297] COM (2016) 50 Final (cf. ponto 1.3.).
[298] Proposta de Diretiva do Parlamento Europeu e do Conselho relativa ao combate ao branqueamento de capitais através do direito penal, COM (2016) 826 final, Bruxelas, 21.12.2016.

Acontece que a União Europeia, como de resto é habitual noutros domínios, ergueu também o seu edifício legislativo de luta contra o branqueamento sobre as Convenções do Conselho da Europa e os outros instrumentos internacionais existentes.

Como paradigmático do que se quer dizer, pode apontar-se, especificamente no âmbito penal, mas todavia sem efeito vinculativo para os Estados-Membros, a *Ação Comum*, de 3 de Dezembro de 1998, relativa ao branqueamento de capitais, identificação, deteção, congelamento, apreensão e perda de instrumentos e produtos do crime[299], que, sendo o primeiro instrumento legislativo penal adotado ao nível da União neste âmbito, lembrava aos Estados-Membros, nos *Considerandos*[300], a sua «vinculação» à Convenção do Conselho da Europa, de 1990[301], para além de seguir uma técnica legislativa que significava uma particular forma de «interpenetração» com este instrumento de direito internacional[302]. Esta técnica, como se verá adiante, foi mantida na *Decisão-Quadro* presentemente em vigor, que, além disso, igualmente nos seus *Considerandos*, relembra, agora, que os Estados-Membros «aderiram» aos princípios da *Convenção de 1990*. Neste instrumento legislativo não se faz, entretanto, curiosamente, qualquer referência – que, como veremos de seguida, se afiguraria como *natural* – à primeira Diretiva da então *Comunidade Europeia (CE)*, que entretanto fora já adotada.

Com efeito, a Comunidade acompanhou aquele movimento internacional, adotando três Diretivas, seguida de uma quarta pela União Europeia, onde foi definido um sistema de prevenção relativo à utilização do sistema financeiro para fins de branqueamento: a primeira, adotada ainda no âmbito ainda da *Comunidade Económica Europeia (CEE)*, no contexto das quarenta *Recomendações* do *GAFI* então existentes, relativa à prevenção da utilização

---

[299] JO L 333, 09-12-1998.
[300] Considerando nº 7.
[301] Exatamente nestes termos: «Considerando a vinculação dos Estados-Membros aos princípios da Convenção de 1990 do Conselho da Europa relativa ao branqueamento, deteção, apreensão e perda dos produtos do crime» (considerando sem número). Note-se que a Decisão-Quadro em vigor, no Considerando nº 7, também assinala que «Os Estados-Membros aderiram aos princípios da Convenção de 1990 do Conselho da Europa relativa ao branqueamento, deteção, apreensão e perda dos produtos do crime...».
[302] Chama a atenção para este aspeto, ente nós, JORGE GODINHO, *Do crime de «branqueamento» de capitais. Introdução e tipicidade*, p. 98, Almedina, 2001.

do sistema financeiro com o objetivo de branqueamento, de 10 de Junho de 1991,[303] que depois foi revista em 2001 por uma segunda Diretiva, em 4 de Dezembro,[304] e substituída em 2005 por uma terceira Diretiva, de 26 de Outubro[305]. Esta terceira Diretiva contemplava já, antecipando-as, algumas Recomendações do *GAFI* revistas em 2012. Entretanto, foi adotada, em 20 de maio de 2015, a quarta Diretiva,[306] cuja Proposta, apresentada em 2013, tinha sido elaborada à luz daquela última revisão das *Recomendações do GAFI*.

Deve sublinhar-se, entretanto, que as definições de atividades de branqueamento e de crimes antecedentes contidas nestas diretivas relevam para efeitos de estabelecimento de medidas e do cumprimento de certos deveres de prevenção e, nesse sentido, de luta contra o branqueamento. O que se quer significar é que, não só as três diretivas adotadas antes da entrada em vigor do *Tratado de Lisboa*, bem como a mais recentemente adotada em 2015, não se apresentam como injunções obrigatórias diretas de criminalização para os Estados-Membros. As primeiras, porquanto eram instrumentos de direito comunitário, considerando-se, como era posição do Conselho e suportado por uma doutrina relevante, que a *Comunidade* não tinha competência legislativa penal. Pelo que, apesar de, concretamente na

---

[303] Diretiva do Conselho relativa à prevenção da utilização do sistema financeiro para efeitos de branqueamento de capitais (91/308/CEE).

[304] Diretiva 2001/97/CE do Parlamento Europeu e do Conselho, que altera a Diretiva 91/308/CEE.

[305] Diretiva 2005/60/CE do Parlamento Europeu e do Conselho, alterada pelas Diretivas 2007/64/CE, de 13 de Novembro de 2007, 2008/20/CE, de 11 de Março de 2008, 2009/110/CE, de 16 de Setembro de 2009, e 2010/78/EU, de 24 de Novembro de 2010. V. ainda Diretiva 2006/70/CE da Comissão, de 1 de Agosto de 2006, que estabelece medidas de execução da Diretiva 2005/607CE do Parlamento Europeu e do Conselho no que diz respeito à definição de pessoa politicamente exposta e aos critérios técnicos para os procedimentos simplificados de vigilância da clientela e para efeitos de isenção com base numa atividade financeira desenvolvida de forma ocasional ou muito limitada.

[306] Diretiva 2015/849, de 20 de Maio de 2015, relativa à prevenção da utilização do sistema financeiro para efeitos de branqueamento de capitais ou de financiamento do terrorismo, que altera o Regulamento (EU) nº 648/2012 do Parlamento e do Conselho, e que revoga a Diretiva 2005/60/CE do Parlamento Europeu e do Conselho e a Diretiva 2006/70/CE da Comissão. A nova Diretiva e o novo Regulamento (Regulamento (EU) 2015/847, também relativo à prevenção e ao combate ao branqueamento de capitais e ao financiamento ao terrorismo), estão publicados no JO nº L 141.

terceira Diretiva, ser referido que a «importância do combate ao branqueamento de capitais e ao financiamento ao terrorismo» devia «levar os Estados-Membros a estabelecerem sanções efetivas, proporcionadas e dissuasivas»[307], não estavam estes vinculados a adotar sanções penais. A quarta, que, expressamente,[308] se refere à «gama de sanções e medidas *administrativas*», «efetivas, proporcionadas e dissuasivas», que a diretiva deverá prever, tendo em vista uma desejável harmonização a esse nível, dado que a «diversidade» «atualmente» verificada a esse respeito nos Estados-Membros «poderá ser prejudicial para os esforços envidados no combate ao branqueamento de capitais e ao financiamento ao terrorismo, correndo-se o risco de fragmentar a resposta da União».

Note-se, assim, que a adoção desta quarta Diretiva acontece já no âmbito do Tratado de Lisboa, pacificada a questão da competência penal da União Europeia para legislar em matéria penal, considerada não só a unidade institucional criada com a substituição da Comunidade Europeia pela União Europeia bem como a «tendencial» supressão de pilares e ultrapassada a falta de unidade de fontes legislativas[309]. Pelo que dúvidas não restam, tal como se evidencia do texto da própria Diretiva, de que se trata, com ela, de legislar fora do âmbito penal[310], pretendendo, ao tempo, a União Europeia

---

[307] Cf. Considerando 41, Diretiva de 2005. De acordo com a conhecida formulação pela primeira vez utilizada no Acórdão do Tribunal de Justiça da União Europeia, de 21 de Setembro de 1989 (Acórdão «Milho Grego»). Sobre o princípio da assimilação que aqui está envolvido, cf., designadamente, ANABELA MIRANDA RODRIGUES, *Direito Penal Emergente*, cit., 2008, p. 87s.

[308] Cf. Considerando 59 (itálico nosso).

[309] Sobre isto, cf. ANABELA MIRANDA RODRIGUES, «O Tratado de Lisboa e o direito penal europeu», *A União Europeia segundo o Tratado de Lisboa*, coordenação de Nuno Piçarra, Almedina, 2011, p. 185s.; vide, também, PEDRO CAEIRO, «Adenda – As modificações introduzidas pelo Tratado de Lisboa: primeira reflexão», *Fundamento, conteúdo e limites da jurisdição penal do Estado. O caso português*, Coimbra Editora e Wolters Kluver, 2010, p. 562 e 566; *id*, «A jurisdição penal da União Europeia como meta-jurisdição: em especial, a competência para legislar sobre as bases de jurisdição nacionais», *Estudos em Homenagem ao Prof. Doutor José Joaquim Gomes Canotilho*, Coimbra Editora, p.180 a 186.

[310] Note-se que, em *todas* as diretivas, o legislador europeu, em sede do sistema de prevenção que instituiu, indicou a necessidade de os Estados-Membros «proibirem» o branqueamento. Assim, cf. art. 2º, Diretiva de 1991, modificada em 2001; art. 1º, Diretiva 2005, e art. 1º, nº 2, Diretiva 2015. A este propósito, vide, para o artigo 2º da Diretiva de 1991, modificada em 2001, em abono do que vimos dizendo, o conteúdo e sentido que confere à norma ali contida, FARIA

legislar através da adoção de outra diretiva, para efeitos de harmonização penal no domínio do branqueamento.

O que se tornou, assim, claro, com a adoção da quarta Diretiva, é que, no âmbito da vigência das anteriores diretivas, se nada impedia os legisladores nacionais de utilizar o meio penal para assegurar a efetividade da política de prevenção e luta contra o branqueamento decorrente da adoção das diretivas vigentes no âmbito comunitário, o facto é que não estavam aqueles vinculados a fazê-lo. Sem embargo de a questão da competência da Comunidade para legislar em matéria penal quando estivesse em causa assegurar a execução eficaz de uma política que relevasse da sua competência ter alimentado uma querela, a que já fizemos referência, que opôs durante largo tempo a Comissão e o Conselho[311], há que reconhecer que, no domínio do branqueamento, em abono da posição do Conselho e da não atribuição de competência à Comunidade para legislar em matéria penal, em *Anexo* à primeira Diretiva vieram os Estados-Membros assumir o compromisso de criar legislação penal que lhes permitisse cumprir as obrigações decorrentes das *Convenções* de *Viena* e de *Estrasburgo*[312]. Num reconhecimento implícito de que, dada a importância da intervenção penal que a própria Diretiva encarecia[313], não ficavam os Estados-Membros por ela vinculados no âmbito penal.

Costa, «O branqueamento de capitais (algumas reflexões à luz do direito penal e da política criminal)», *Boletim da Faculdade de Direito*, nº 68, 192, p. 80s.

[311] Relembrem-se as decisões do Tribunal de Justiça da União Europeia, de 13 de Setembro de 2005, sobre a proteção penal do ambiente, e a de 23 de Outubro de 2007, relativa à repressão da poluição causada por navios.

[312] Assim também Nuno Brandão, *Branqueamento de capitais: o sistema comunitário de prevenção*, Argumentum 11, Coimbra Editora, 2002, p. 61.

[313] Nos termos da Diretiva «Considerando que o branqueamento de capitais deve ser combatido, principalmente através de medidas de direito penal e no âmbito de uma cooperação internacional entre as autoridades judiciárias e policiais, tal como foi feito (...) pela Convenção das Nações Unidas (...) aprovada em 19 de Dezembro de 1988 em Viena (...) e (...) pela Convenção do Conselho da Europa (...) aberta à assinatura em 8 de Novembro de 1990 em Estrasburgo» (Considerando quarto).

3.2. Sentido político-criminal da criminalização do branqueamento ao nível internacional e europeu – evolução e interesses protegidos

É por referência a este quadro internacional e da União Europeia que importa agora apreciar a evolução legislativa da criminalização do branqueamento, tendo em especial atenção a definição das atividades que o configuram e a identificação dos factos típicos ilícitos antecedentes.

A *Convenção de Viena* das *Nações Unidas* contem a primeira definição de branqueamento, sem o nomear expressamente, enunciando os comportamentos que o configuram[314] e que podem descrever-se de acordo com três fases de execução: a primeira, de conversão ou transferência de bens – o chamado *placement stage* –, em que quem a efetua sabe que estes provêm (de crimes que relevam do âmbito) do tráfico de estupefacientes, com o objetivo de ocultar ou dissimular a origem ilícita dos bens ou de auxiliar qualquer pessoa que esteja implicada no cometimento de um daqueles crimes a eximir-se às consequências jurídicas dos seus atos; a segunda fase é a de ocultação ou dissimulação da natureza, da origem, da localização, disposição, movimentação ou titularidade ou outros direitos respeitantes aos bens – o chamado *layering stage* –, sabendo o autor que estes provêm (de crimes que relevam) do âmbito do tráfico de estupefacientes; a terceira e última fase é descrita como a aquisição, detenção ou utilização de bens – o chamado *integration stage* – por parte de quem sabe, no momento em que os recebe, que provêm (de crimes que relevam do âmbito) do tráfico de estupefacientes.

De acordo com esta definição, pode dizer-se que o branqueamento abrange uma atividade que se inscreva em uma qualquer das fases de execução descritas. E, assim, a conversão ou transferência, a ocultação ou dissimulação e a aquisição, detenção ou utilização de bens de origem ilícita[315]. Para além disso, o branqueamento aparece ligado ao universo criminológico do tráfico de estupefacientes e à reciclagem dos bens que provêm desse tráfico.

---

[314] Cf. Artigo 3º, nº 1, alínea b).

[315] Note-se que, nos termos da alínea c), nº 1, artigo 3º, no caso da aquisição, detenção ou utilização de bens de origem ilícita, a Convenção reconhece que a incriminação ao nível das legislações nacionais tem lugar «de acordo com os seus princípios constitucionais e com os conceitos fundamentais do seu ordenamento jurídico».

Foi no seguimento da adoção desta Convenção que, em julho de 1989, é criado, no âmbito da reunião do *G7*, em Paris (*Cimeira de Arche*), o *GAFI*, já referido, cujo mandato incluía o exame e o desenvolvimento das medidas de luta contra o branqueamento[316], que no início relevavam no domínio da luta contra o tráfico de estupefacientes. Sendo de referir que, em outubro de 2001, o *GAFI* alargou o seu mandato à luta contra o financiamento do terrorismo, adotando oito *Recomendações* sobre a matéria, a que se seguiu uma nona *Recomendação*, em 22 de outubro de 2004.

Na sequência da primeira *Recomendação* adotada pelo *GAFI*, na sua versão original de 1990, que pedia aos Estados para «incriminar» o branqueamento, pelo menos de acordo com a *Convenção de Viena*, a definição que esta continha tornou-se a *norma de referência* de qualquer instrumento legislativo relativo ao branqueamento, designadamente quanto à sua criminalização, cuja obrigação decorria para os Estados Partes.[317] A *Convenção do Conselho da Europa, de 1990*, retoma a mesma definição de branqueamento, cuja obrigação de criminalização também resultava para os Estados Partes,[318] mas alterava a relação com o crime antecedente (aí chamado de «crime principal»[319]), que passava a ser «qualquer crime».[320] Entretanto, permitia-se[321] aos Estados Partes declarar que essa obrigação «apenas» se aplicava «às infrações principais ou às categorias de infrações principais especificadas nessa declaração», faculdade que foi utilizada por alguns Estados-Membros que integravam a União Europeia para «restringir o âmbito da incriminação do branqueamento através de uma definição do género ou espécie dos factos precedentes».[322]

---

[316] Neste específico âmbito foram adotadas, até ao presente, quarenta Recomendações.
[317] Cf. Artigo 3º.
[318] Cf. Artigo 6º, nº 1.
[319] A denominação de «crime principal», que aparece nos primeiros instrumentos internacionais, tem o significado de conferir ao crime de branqueamento uma matriz em que ressalta o seu carácter «instrumental» relativamente aos crimes que dão origem a vantagens que se querem ver «confiscadas». Neste sentido, PEDRO CAEIRO, *Liber Discipulorum*, cit., p. 1087. Por nossa parte, utilizaremos a denominação «crime precedente» ou «crime antecedente», indo aqui implícita também a nossa consideração da autonomia do crime de branqueamento.
[320] Cf. Artigo 1º, alínea e).
[321] Cf. Artigo 6º, nº 4.
[322] Cf, PEDRO CAEIRO, *Liber Discipulorum*, cit., p. 1068.

Na sequência, a Diretiva de 1991 da então *CEE*, e no contexto das quarenta Recomendações do *GAFI* ao tempo existentes, continha a mesma definição de branqueamento da *Convenção de Viena*,[323] mas, relativamente aos crimes precedentes, o seu âmbito de aplicação era o inverso da *Convenção do Conselho da Europa*, já que previa que o crime antecedente devia ser compreendido de acordo com o previsto no artigo 3º, nº1, alínea a), da *Convenção de Viena*, e, portanto, relevando do âmbito do tráfico de estupefacientes, mas permitia que cada Estado-Membro alargasse o elenco de crimes antecedentes a qualquer «outra atividade criminosa definida como tal para efeitos da (...) Diretiva por cada Estado-Membro.[324]

Encerra-se, assim, aquela que é considerada por alguns Autores[325] a primeira fase da evolução do branqueamento, tendo em conta a sua matriz, que podia encontrar-se na ligação ao tráfico de estupefacientes.

Com efeito, alguns anos mais tarde, em *2000*, a *Convenção da Nações Unidas* retomava a mesma definição de branqueamento[326] – que se manteve constante na *Convenção contra a corrupção*, de *2003*[327] –, mas indicava que cada Estado Parte devia tentar alargar o âmbito dos crimes antecedentes, que também apelidava de «principais», «ao maior número possível de crimes principais».[328] E acrescentava a obrigação de incluir no elenco

---

[323] Cf. Artigo 1º, terceiro travessão.

[324] Cf. Artigo 1º, quinto travessão. Note-se que nos Considerandos se menciona que «(...) uma vez que o fenómeno do branqueamento de capitais não se refere apenas ao produto de infrações relacionadas com o tráfico de estupefacientes, mas também ao produto de outras atividades criminosas (tais como o crime organizado e o terrorismo), é conveniente que os Estados-Membros tornem extensivos, na aceção das respetivas legislações, os efeitos da presente diretiva ao produto dessas atividades, desde que seja suscetível de ocasionar operações de branqueamento que justifiquem, por esse motivo, uma repressão».

[325] Assim, DANIEL FLORE, *Droit Pénal Européen. Les enjeux d'une justice pénale européenne*, Larcier, 2ª édition, 2014, p. 195 s. No direito brasileiro fala-se, a este propósito, de «gerações de política criminal», também se referindo a primeira geração como aquela em que o crime de branqueamento está ligado à criminalidade que releva do tráfico de estupefacientes. Vide, por todos, ANDRÉ LUÍS CALLEGARI e ARIEL BARAZZETTI WEBER, *Lavagem de dinheiro*, São Paulo, Editora Atlas, 2014, p.82s.

[326] Cf. Artigo 6º, nº 1.

[327] Cf. Artigo 23º, nº 1. Quanto aos crimes antecedentes, dispunha que deviam ser «no mínimo, um conjunto abrangente de infrações penais estabelecidas na Convenção» (artigo 23º, nº 2, alínea b)).

[328] Cf. Artigo 6º, nº 2, alínea a).

destes crimes «todos os crimes graves, tal como definidos no artigo 2º da presente Convenção»,[329] – isto é, «um crime punível com uma pena privativa de liberdade não inferior a quatro anos ou com pena superior»[330] – e os crimes previstos noutras disposições da Convenção: participação num grupo criminoso organizado, corrupção e obstrução à justiça.[331] Estabelecendo ainda[332] que, no caso dos Estados Partes «cuja legislação estabeleça uma lista de crimes principais específicos», estes devem incluir na lista, «no mínimo, um conjunto abrangente de crimes relacionados com grupos criminosos organizados».

Neste novo contexto, quando o *GAFI* revê, em 2001, as suas Recomendações[333], modifica a primeira *Recomendação* para pedir aos Estados para «aplicarem o crime de branqueamento de capitais a todos os crimes graves, por forma a abranger o conjunto mais alargado possível de crimes subjacentes». Assim, os crimes precedentes podem ser definidos por referência a todos os crimes (graves) ou de acordo com a sua «gravidade» (limiar), ligada, quer a uma espécie/categoria de crimes graves, quer à gravidade da pena privativa de liberdade aplicável ao crime precedente (*método da gravidade ou do limiar*); ou de acordo com uma lista de crimes precedentes, (*método da lista*); ou ainda de acordo com a combinação destes dois métodos. Assim, nos Estados que adotassem o método da *gravidade* ou do *limiar*, os crimes subjacentes deveriam incluir, pelo menos, todos os crimes qualificados como graves pelo seu direito interno, ou incluir os crimes puníveis com uma pena privativa de liberdade de uma duração máxima superior a um ano ou, para os Estados cujo sistema jurídico prevê penas com um limite mínimo, os crimes precedentes deviam incluir todos os crimes puníveis com uma pena privativa de liberdade de duração superior a seis meses. Qualquer que fosse o critério adotado, cada Estado deveria, no mínimo, incluir um elenco de crimes que se integrasse nas «categorias de crimes designadas» no *Glossário*[334], que, de acordo com o seu direito interno, cada Estado poderia, não só decidir como tipificar, bem como indicar a

---

[329] Cf. Artigo 6º, nº 2, alínea b), primeira parte.
[330] Cf. Artigo 2º, alínea b).
[331] Cf., respetivamente, Artigos 5º, 8º e 23º.
[332] Cf. Artigo 6º, nº 2, alínea b), segunda parte.
[333] Cf. Grupo de Ação Financeira sobre o branqueamento, «As Quarenta Recomendações», 20 de Junho de 2003, disponível em https//www,bportugal.pt
[334] Sobre as «categorias de crimes designados», cf. «As Quarenta Recomendações», cit.

natureza de qualquer elemento particular que os qualificasse como crimes graves.

Começava, assim, a delinear-se uma orientação quanto à política de luta contra o branqueamento que lhe conferia um sentido *expansivo*, manifestado no alargamento dos crimes precedentes[335].

Na verdade, o Conselho da Europa – que, como se salientou, tinha já, em 1990, adotado uma perspetiva mais abrangente quanto aos crimes precedentes, embora tivesse limitado o efeito preconizado através da possibilidade de reservas – acompanhava essa tendência expansiva[336] da criminalização do branqueamento. Adotava, assim, uma nova Convenção, em 2005 (a *Convenção de Varsóvia*), em que, para além de manter a mesma definição quanto às atividades de branqueamento,[337] continuava a procurar alargar o âmbito dos crimes precedentes a «qualquer infração penal»[338], sem prescindir da possibilidade de reservas, embora (a declaração d)o Estado que pretendesse introduzir limites aos crimes precedentes quando estivessem em causa os crimes (precedentes) enunciados em *anexo* à Convenção tivesse agora de optar entre três possibilidades: limitar a sua opção aos crimes precedentes puníveis com uma pena privativa de liberdade ou com uma medida de segurança de duração máxima superior a um ano, ou, nos Estados cujo sistema jurídico preveja sanções com um limite mínimo, aos crimes precedentes puníveis com uma pena privativa de liberdade ou uma medida de segurança de uma duração mínima superior a seis meses; e/ou identificar uma

---

[335] Apontando a «tendência expansiva da criminalização do branqueamento», PEDRO CAEIRO, *Liber Discipulorum*, cit., p. 1074 s., que refere ainda essa tendência nas legislações nacionais europeias (p. 1081 s.).

[336] Na verdade, sobre esta generalizada tendência expansiva, importa assinalar que, se mesmo que a Convenção de 1990 acabasse por permitir restringir o âmbito da incriminação do branqueamento, a despeito de, como princípio, o querer alargar, já a primeira Diretiva, no âmbito preventivo, que começava por prever que os crimes precedentes se restringiam aos crimes que relevavam do tráfico de estupefacientes, permitia depois que cada Estado-Membro alargasse o elenco destes crimes. Deve sublinhar-se que esta tendência expansiva se comprova já, como pode verificar-se, nas Convenções das Nações Unidas de 2000 e de 2003; e também na evolução manifestada ao nível das Recomendações do GAFI e em sede preventiva, nas diretivas adotadas.

[337] Cf. Artigo 9º, nº 1.

[338] Trata-se de «qualquer infração penal em consequência da qual são gerados produtos susceptíveis de se tornarem objeto» do crime de branqueamento de capitais (cf. artigo 1º, alínea e)) e que constam do Anexo à Convenção.

categoria de crimes precedentes específicos; e/ou identificar uma categoria de crimes graves previstos pelo seu direito interno.[339] O que mostra como, embora insistindo sempre na caracterização dos crimes antecedentes como *graves*, se continuava a fazer caminho no sentido expansivo da criminalização do branqueamento, ficando – agora, diferentemente do que acontecia com a Convenção de 1990 – os Estados *espartilhados* nas suas possibilidades de fazer reservas.

Já no espaço da então *Comunidade Europeia*, esta segunda fase da evolução do tratamento da questão do branqueamento foi marcada, desde logo, pela adoção da segunda Diretiva, de 2001, que, na linha das *Convenções das Nações Unidas* e das *Recomendações* do *GAFI* em vigor ao tempo, alargava o âmbito dos crimes precedentes a «qualquer tipo de participação criminal num crime grave». E indicava-se que constituíam crimes graves, pelo menos, cinco categorias de crimes[340]. Por seu turno, a Diretiva de 2005 completou esta «lista mínima»,[341] quer acrescentando-lhe os crimes de terrorismo visados na Decisão-Quadro de 2002[342], quer utilizando, na categoria de crimes referida em quinto lugar na Diretiva de 2001, o critério da «gravidade», tal como previsto na *Recomendação* do *GAFI*, para os identificar: qualquer crime punível com uma pena privativa de liberdade ou com uma medida de segurança de uma duração máxima superior a um ano, ou, nos Estados cujo sistema jurídico preveja sanções com um limite mínimo, todos os crimes puníveis com uma pena privativa de liberdade ou uma medida de segurança de uma duração mínima superior a seis meses.[343] Esta via foi seguida, igualmente, pela Diretiva de 2015, onde, neste âmbito, se aponta

---

[339] Cf. Artigo 9º, nº 4, alíneas a), b) e c).
[340] Cf. Artigo 1º, E. Assim, primeiro, «qualquer crime, para efeitos do artigo 3º, nº 1, alínea a), da Convenção de Viena»; segundo, «as atividades de organizações criminosas, tal como definidas no artigo 1º, da Ação Comum 98/733/JAI»; terceiro, «a fraude, pelo menos a fraude grave, tal como está definida no artigo 1º, nº 1, e no artigo 2º da Convenção relativa à proteção dos interesses financeiros da Comunidade Europeia»; quarto, «a corrupção»; e quinto, «qualquer crime suscetível de gerar vantagens substanciais e que seja punível com uma pena privativa de liberdade severa, de acordo com o direito penal do Estado-Membro».
[341] Cf. Artigo 3º, nº 5.
[342] Cf. Artigo 3º, n 5, alínea a). Os atos definidos nos artigos 1º a 4º da Decisão-Quadro 2002/475/JAI.
[343] Cf. Artigo 3º, nº 5, alínea f).

no sentido da limitação da margem de apreciação do que deve entender-se por «crime grave» por parte dos legisladores nacionais[344].

Entretanto, no espaço europeu mais restrito da União Europeia, em que a obrigação de criminalização em termos vinculativos[345] para os Estados--Membros decorreu da adoção da Decisão-Quadro de 2001 já referida, o legislador europeu seguiu aí uma técnica legislativa particular, tomando por referência a definição do crime de branqueamento contida na *Convenção do Conselho da Europa de 1990*. Na verdade, para além dos próprios termos em que se operou esta *interpenetração* legislativa – que apreciaremos de seguida –, tudo apontaria para que a Decisão-Quadro definisse o âmbito do branqueamento relevante no domínio penal por referência à Diretiva de 1991, tornando eventualmente mais amplo[346] o branqueamento criminalmente punível relativamente ao branqueamento relevante no domínio preventivo.

Não foi isto que se verificou. E, porventura devido a razões a que não será alheio o conflito travado no seio europeu sobre a competência penal da *Comunidade*, a Decisão-Quadro não faz referência à Diretiva, que vigora no âmbito comunitário, mas sim à *Convenção do Conselho da Europa*. Aliás, deste ponto de vista, nada estranhamente, a Decisão-Quadro não cita em qualquer passo, nem nos considerandos nem no articulado, a Diretiva.

---

[344] Cf. Artigo 3º, nº 4, alínea a). Atente-se na forma utilizada de definição de «atividade criminosa» adotada, que aponta no sentido de uma injunção «obrigatória» de consideração como crimes antecedentes dos crimes graves elencados nas diversas alíneas do nº 4 do artigo 3º. Note-se, ainda, que, diferentemente do que acontecia na terceira Diretiva, nesta quarta Diretiva os crimes fiscais relacionados com impostos diretos e indiretos estão expressamente incluídos na definição de «atividade criminosa», em consonância com as recomendações revistas do GAFI (artigo 3º, nº 4, alínea f)).

[345] Cf. supra, nota 286, a propósito dos efeito vinculativo das decisões-quadro e das ações comuns.

[346] O que se justificaria tendo já em atenção o disposto no artigo 1º, E, da Diretiva de Dezembro de 2001 – cujos termos naturalmente o legislador europeu conheceria –, de acordo com o que esta – que, para além de já incluir nos deveres de prevenção os casos de branqueamento relacionados não só com o âmbito do tráfico de estupefacientes, mas também com as atividades das organizações criminosas, a fraude lesiva dos interesses financeiros das Comunidades Europeias, a corrupção e ainda «qualquer infração» que pudesse «gerar proventos substanciais» e que fosse «punível com uma pesada pena de prisão nos termos do direito penal do Estado» – ainda não dizia respeito a vantagens provenientes de crimes «graves», tal como constava da Ação Comum 98/699/JAI, devendo ser modificada, nesse sentido, até 15 de Dezembro de 2004, para efeitos preventivos.

Neste enquadramento, em que a definição do crime de branqueamento e respetiva punição são tratadas por referência expressa à *Convenção do Conselho da Europa* de *1990*, depois de se ter sublinhado nos *Considerandos*, como já vimos, que os Estados-Membros «aderiram» à Convenção, observa-se que a Decisão-Quadro não descreve as atividades que consistem no branqueamento, sendo, nesta medida, enquanto instrumento legislativo de aproximação, *atípico*. A este propósito, o que se pode dizer é que, da perspetiva adotada na Decisão-Quadro, as atividades de branqueamento ali tidas em vista estão já cobertas por outros instrumentos internacionais, mais exatamente, a *Convenção do Conselho da Europa* de *1990*. Sendo que, sempre do ponto de vista da Decisão-Quadro, não assume relevância para a sua definição no direito (penal) da União Europeia o facto de ela se operar para efeitos repressivos num âmbito já considerado com propósitos preventivos por um instrumento de direito comunitário (a Diretiva de 1991).

A Decisão-Quadro socorre-se ainda, na mesma linha, expressamente,[347] da *Convenção* de *1990* para identificar «as infrações» que os Estados-Membros devem «garantir» que sejam puníveis «com penas privativas de liberdade de uma duração máxima igual ou superior a quatro anos», ou seja, «as que são referidas no nº 1, alíneas a) e b), do artigo 6º, da Convenção de 1990, resultantes da alínea b), do artigo 1º», da Decisão-Quadro. A referência é, pois, aos comportamentos de branqueamento de conversão e de dissimulação ou ocultação de vantagens ilícitas, no que pode ser entendido como aquelas que justificam a exigência de previsão de uma pena *mais* severa, em relação à pena para os comportamentos de mera utilização de bens ou produtos ilícitos.

De qualquer modo, poder-se-á dizer que da Decisão-Quadro transparece a dificuldade em alcançar a unanimidade dos Estados-Membros quanto à definição, com efeito vinculativo para os legisladores penais nacionais, das atividades que devem ser configuradas como branqueamento. Não tendo, afinal, o legislador conseguido comprometer-se a nível supranacional com uma opção que se mostraria particularmente problemática, pelo que diz respeito à atividade que conforma a identificada na Convenção e na Diretiva (para efeitos preventivos) como a terceira fase do branqueamento.

---

[347] Cf. Artigo 2º.

Verifica-se finalmente que a Decisão-Quadro trata dos crimes antecedentes em sede das possibilidades de reserva abertas pela *Convenção* de *1990* a este respeito, vinculando os Estados-Membros a tomar as «medidas necessárias» para que «não sejam feitas ou mantidas quaisquer reservas» ao artigo 6º da Convenção, «na medida em que estejam em causa infrações graves». E, quanto a esse aspeto, define o que deve ser entendido por «infrações graves»: as que sejam «puníveis com uma pena privativa de liberdade ou com uma medida de segurança de uma duração máxima superior a um ano, ou, nos Estados cujo sistema jurídico preveja sanções com um limite mínimo, todos os crimes puníveis com uma pena privativa de liberdade ou uma medida de segurança de uma duração mínima superior a seis meses».[348] Sendo de observar, pois, que a noção de «infração precedente» contida na Decisão-Quadro se, na aparência, parece ser mais limitada do que a prevista na Diretiva, acaba, na prática, por englobar as «outras infrações graves» por ela visadas[349], já que estas são provavelmente todas punidos com uma pena privativa de liberdade de uma duração máxima superior a um ano, quer se trate de uma atividade de uma organização criminosa, de crimes de terrorismo, de fraudes ao orçamento comunitário ou da corrupção[350].

Isto significa, assim, que os Estados-Membros estavam obrigados a conformar os seus ordenamentos jurídicos de modo a incriminar os comportamentos de branqueamento sempre que o facto precedente se enquadrasse na definição de *crime grave* oferecida pela Decisão-Quadro. Neste aspeto, havendo de sublinhar que, na medida em se estabeleceu uma ligação do branqueamento com uma certa criminalidade antecedente e se *definiu* a noção de crime antecedente, através da utilização de um critério de *crime grave*, deve entender-se que se pretendeu introduzir algum rigor na definição de branqueamento punível no sentido da sua limitação e, de alguma forma, se procurou contrariar a sua expansão.

Importa, entretanto, não perder de vista que o ponto de partida para definir a incriminação do branqueamento é, necessariamente, de cariz

---

[348] Cf. Artigo 1º, alínea b), da Decisão-Quadro.
[349] Note-se que (tal como assinala DANIEL FLORE, *Droit Pénal Européen*, cit., p. 202), quer a Decisão-Quadro, quer a Diretiva, vão, neste aspeto, ao encontro da mesma Recomendação do GAFI (de 1990, modificada em 2001).
[350] Cf. supra, nota 340.

político-criminal. Como vimos já, a repressão deste crime nos diplomas internacionais mostra uma tendência evolutiva expansiva no que diz respeito à definição dos crimes antecedentes de que participa a Decisão-Quadro adotada em sede da União Europeia, que – é relevante sublinhá-lo – evidencia a dificuldade destas instâncias em oferecer um sentido político-criminal que oriente a punição do fenómeno e sirva de guia à identificação do bem jurídico que com ela se visa proteger. Ora, só uma opção teleológica assumida ilumina de forma global e harmoniosa os vários aspetos concretos do branqueamento, evitando a criação de zonas de sombra, que mais não significam senão incoerências do seu regime. A partir das regras estabelecidas quanto à definição de atividades de branqueamento e de crimes antecedentes nos diplomas internacionais e na Decisão-Quadro poder-se-á procurar o sentido político criminal da incriminação. Sem que vá aqui contida qualquer alteração de *prius* entre bem jurídico e configuração do tipo penal que o protege, mas tão-só o reconhecimento de que deve aquele lograr concretização ao nível dos elementos típicos constitutivos deste.

Assim, observa-se que aqueles instrumentos legislativos, apesar da referida tendência expansiva, não abandonam a possibilidade de manter a incriminação do branqueamento circunscrita ao âmbito de certas condutas dolosas que têm por objeto bens provenientes de crimes *graves*. Desta perspetiva, pode, pois, dizer-se que cabe na compreensão da incriminação do branqueamento um sentido que a liga à prossecução de um interesse do aparelho judiciário – e, assim, da administração da justiça – na deteção e perda das vantagens alcançadas com a prática de certo tipo de criminalidade[351], em que, a acrescer à característica de gerar avultados lucros, sobressai a gravidade que a qualifica.

---

[351] Assim, entre nós, PEDRO CAEIRO, *Liber Discipulorum*, cit., p. 1086s; cf., neste sentido também, JORGE FERNANDES GODINHO, *Do crime de «branqueamento» de capitais*, cit., p. 121s. (v. p. 143). Deste Autor, vide, por último, «Para uma reforma do tipo de crime de «branqueamento» de capitais», *Direito Penal. Fundamentos dogmáticos e político-criminais. Homenagem a Peter Hünerfeld*. Organização de Manuel da Costa Andrade, José de Faria Costa, Anabela Miranda Rodrigues, Helena Moniz e Sónia Fidalgo, Coimbra Editora, p.1000s. Não deve deixar de se notar, no entanto, que à medida que o elenco e a gravidade dos crimes antecedentes, respectivamente, se alarga e diminui (aliás, a gravidade é cada vez menos ligada à espécie de crime e mais ligada à punição prevista em abstrato) mais se abre a hipótese de querer apontar-se para a «pureza» da circulação de bens como sendo o bem a proteger em primeira linha.

Desta forma, por um lado, afasta-se uma compreensão que vê na tutela da pureza da economia e na não contaminação dos sistemas financeiros a justificação material da incriminação, na medida em que as vantagens sobre as quais incidem as atividades de branqueamento são provenientes de crimes *graves* e não de *quaisquer* crimes. Entretanto, por outro lado, aquela compreensão das coisas, ancorada na administração da justiça, exige que essas atividades se traduzam num *modo especialmente elaborado e perigoso de atuação*[352], no sentido de não serem entendidas como um prolongamento da prática antecedente de crimes socialmente tido como natural, e, por aí, que tenham por finalidade *ocultar* ou *dissimular* a origem ilícita dos bens objeto dessas atividades. Só a criminalização das atividades relativamente às quais seja co-natural uma especial perigosidade, relacionadas com uma prática criminal antecedente grave, logra legitimidade como branqueamento punível e, nessa medida, *autonomia*. O que se verificará nos comportamentos descritos nos diplomas internacionais como de «conversão» e de «ocultação/dissimulação», mas já não quando se trata de alargar a incriminação à mera utilização de vantagens ilicitamente obtidas. Como vem já de há largo tempo assinalando uma parte relevante da doutrina em Portugal[353], estaria aqui em causa a punição do mero «dispêndio de dinheiro», uma versão de filiação no *common law*, que aí se designa por *money moving* ou *money spending*, em que branqueamento será qualquer forma de «entrar em contacto» com «dinheiro sujo», com ele «lidar» ou «transacionar». Uma definição que apela à que está contida nas Convenções das Nações

---

[352] Neste sentido que agora se destaca, PEDRO CAEIRO, *Liber Discipulorum*, cit, p. 1087s., que assinala que essas atividades devem projetar a «frustração da pretensão estadual» na «detecção e perda das vantagens de certos crimes» «para níveis intoleráveis de insatisfação comunitária» (p. 1086 e 1087). Também JORGE FERNANDES GODINHO, «Estratégias patrimoniais de combate à criminalidade: o estado atual na Região Administrativa Especial de Macau», *Primeiras Jornadas de Direito e Cidadania da Assembleia Legislativa*, Coimbra Editora, 2009, p. 156, quando evidencia que «o crime de branqueamento de capitais (...) consiste essencialmente na ocultação ou dissimulação da natureza, origem localização, disposição, movimentação ou titularidade de vantagens do crime»; e, por último, *Homenagem a Peter Hünerfeld*, cit., p. 1002, quando chama a atenção para o «núcleo intencional» do crime de branqueamento (o «essencial do crime»): a «dissimulação» da origem ilícita das vantagens e a «ocultação ou dissimulação das verdadeiras natureza, origem e localização, movimentação ou titularidade de vantagens» resultantes de certos crimes.

[353] Decisivamente, apontando nesse sentido, cf. os Autores e bibliografia citada nas notas anteriores.

Unidas e do Conselho da Europa e nas Diretivas para efeitos de prevenção do branqueamento. Sendo que, como já se salientou, a Decisão-Quadro optou – com a *equivocidade* inerente – por não oferecer ela própria uma definição do que é branqueamento, pelo que respeita a determinar quais são as atividades proibidas. No que tudo *poderia* significar apontar, agora, para a preservação da «reputação» do sistema financeiro e a salvaguarda de uma economia «pura».

No quadro de criminalização que deixámos esboçado, salienta-se, pois, que não existe uma orientação claramente definida quanto ao sentido político-criminal da incriminação do branqueamento. Verifica-se, desde logo, como já sublinhámos, que se tem vindo a fazer um caminho no sentido da expansão dos crimes antecedentes, ao mesmo tempo que, com a adoção da Decisão-Quadro, se procurou introduzir, quanto a este aspeto, relativamente às Convenções, alguma orientação quanto à definição do branqueamento punível, na medida em que, como se evidenciou, se optou pela noção de crime precedente como crime *grave*. E, para além disso, pelo que diz respeito às atividades de branqueamento, a definição destas permite o seu alargamento, que pode ir até à inclusão da mera utilização de vantagens ilícitas. Já quanto à Proposta de Diretiva relativa ao combate ao branqueamento, de dezembro de 2016, pode dizer-se que aponta para a consagração de uma política *exasperadamente expansionista* no domínio da incriminação deste fenómeno, já que vai mais longe do que a *Convenção de Varsóvia,* pretendendo tornar obrigatória a criminalização da aquisição, posse ou uso dos bens de origem ilícita, o que naquela Convenção é apenas uma possibilidade, em homenagem aos princípios constitucionais ou aos conceitos fundamentais dos sistemas jurídicos nacionais. Com um eventual propósito, altamente discutível, atentos os diferentes interesses que estão em jogo, de uniformização da noção de branqueamento para efeitos preventivos e de criminalização e punição.[354]

---

[354] Sobre isto, *infra*, 3.3. Cf., recentemente, sobre a questão, PEDRO CAEIRO, «Contra uma política criminal 'à flor da pele': a autonomia do branqueamento punível em face do branqueamento proibido», *Estudos em Homenagem ao Prof. Doutor Manuel da Costa Andrade, Volume I, Direito Penal* (organizadores José de Faria Costa, Anabela Miranda Rodrigues, Maria João Antunes, Helena Moniz, Nuno Brandão, Sónia Fidalgo), *Boletim da Faculdade de Direito, Studia Iuridica*, 108, Ad Honorem – 8, Instituto Jurídico, Universidade de Coimbra, p. 267s (p. 272s).

3.3. Uma harmonização penal *fraca*: direito português, da Região Administrativa Especial de Macau (RAEM) e brasileiro

É perante a falta de definição de um sentido político-criminal menos ambíguo da criminalização do branqueamento à luz de que se possa *ler* o quadro apontado que importa agora tecer algumas considerações quanto ao seu efeito harmonizador.

Situando-nos, desde logo, no espaço da União Europeia, deve começar por se fazer notar que a harmonização é *fraca*, quer pelo que respeita à definição dos comportamentos branqueadores, quer quanto aos crimes antecedentes. Apesar de todos os Estados-Membros terem criminalizado o branqueamento, a Decisão-Quadro, tendo em conta quanto já foi referido, deixa uma margem de liberdade aos Estados-Membros que lhes permite consagrar soluções legislativas que mostram diferenças significativas quanto à sua configuração típica. A conclusão do *Relatório da Comissão* relativo à avaliação feita, em 2004, ao abrigo do artigo 6º, nº 2, da Decisão-Quadro, sobre as medidas tomadas pelos Estados-Membros para lhe dar cumprimento, colocou-as em evidência[355]. No contexto das iniciativas empreendidas com vista à harmonização do crime de branqueamento, a Comissão[356] destacou as diferenças quanto à sua definição e punição e à finalidade político-criminal da incriminação, salientando as dificuldades resultantes, em especial, dos diversos pontos de vista adotados pelo que diz respeito à identificação dos crimes antecedentes. E no mesmo sentido aponta a *Exposição de Motivos* que acompanha a Proposta de Diretiva penal de 2016.[357] Estas abordagens, contudo, evidenciam uma postura não sustentada da União Europeia e de laivo securitário. Por nossa parte, tem-se em mente a indefinição quanto a uma política criminal europeia, que perpassa as opções criminalizadoras de fundo da União. E que, quanto à incriminação do branqueamento, se refletem na sua configuração nas diversas

---

[355] COM/2004/0230 final.

[356] Vide a Comunicação da Comissão, de 2016, já referida (supra, nota 295). Saliente-se que, desta forma, é a eficácia da repressão que fica em causa no espaço da União. A este propósito, na Comunicação de 2016, chama-se a atenção para o facto de que as «divergências» legislativas entre os Estados-Membros da União Europeia «no que se refere à definição de branqueamento de capitas e às sanções aplicadas» criam «obstáculos à cooperação judiciária e policial transnacional em matéria de luta contra o branqueamento de capitais (...)» (ponto 1.3.).

[357] Cf. COM (2016) 826 final, cit.

legislações dos Estados-Membros, espelhando as divergências quanto ao *bem jurídico* que se pretende proteger.

Quanto à definição das atividades de branqueamento, um exemplo elucidativo da oscilação na opção de incriminação pode apreciar-se já por referência a ordenamentos jurídicos considerados isoladamente e ir buscar--se ao português. Desde logo, o enunciado daquelas atividades sofreu uma alteração relevante que ocorreu já no período temporal pós-adoção da Decisão-Quadro. Assim, enquanto a Lei nº 10/2002, de 11 de Fevereiro – que não faz qualquer referência àquele instrumento legislativo europeu, embora se estivesse dentro do prazo de transposição estabelecido[358] –, mantinha, na senda do inaugurado com o Decreto-Lei 15/93, de 22 de Janeiro, e prosseguido sem qualquer alteração no Decreto-Lei 325/95, de 2 de Dezembro, a configuração típica daquelas atividades de acordo com as três fases descritas na norma de referência que constituía a *Convenção de Viena* – de resto, no diploma de 1993 expressamente invocada, bem como a *Convenção do Conselho da Europa* de *1990* e a Diretiva da *CEE* de 1991 –, já a Lei nº 11/2004, de 27 de Março, que introduziu o artigo 368º-A, do Código Penal, deixou de incriminar a mera utilização de vantagens obtidas ilicitamente.

Independentemente do sentido atribuído ao que, até 2004, era descrito como «adquirir ou receber a qualquer título, utilizar, deter ou conservar» bens ou produtos provenientes dos crimes antecedentes[359], o que cabe neste ponto salientar é que se verifica uma modificação de entendimento do bem jurídico considerado digno de proteção penal, a nível interno, refletida na descrição típica das atividades de branqueamento – que, de resto, se expressou no lugar sistemático que a incriminação de branqueamento

---

[358] Cf. Artigo 6º, nº 1 (31 de dezembro de 2001).
[359] Na doutrina portuguesa, verificou-se a existência de uma corrente (vide, por todos, JORGE GODINHO, *Do crime de «branqueamento» de capitais*, cit., Coimbra, Almedina, 2001, p. 202 e 203; *id.*, *Primeiras Jornadas de Direito e Cidadania da Assembleia Legislativa*, cit., p. 139 s. (p. 50 s.)), que considerava que o disposto no artigo 2º, nº 1, alínea c), do Decreto-Lei nº 325/95, de 2 de Dezembro, na redação da Lei nº 10/2002, de 11 de Fevereiro, apesar de a sua fonte ser o artigo 3º, alínea c) e i) da Convenção de Viena, não incriminava a terceira fase da execução do branqueamento, antes se devendo reconduzir a uma situação de compartipação: designadamente, a propósito da «utilização», salientava-se que a esta noção deveria ser «atribuído um sentido que a relacione com o tipo fundamental, o *layering* – a ocultação ou dissimulação» (*Do crime de «branqueamento»*, cit., p. 202).

ocupou no Código Penal, no capítulo dos crimes contra a realização da justiça[360]. Modificação que se opera num quadro legislativo externo que, tendo-se mantido inalterado, é dúbio quanto ao efeito harmonizador pretendido, pela ambígua opção político-criminal que se expressa na técnica atípica utilizada de legislar. Para além disso, as dificuldades de harmonização das legislações dos Estados-Membros fazem-se sentir ainda ao nível da identificação dos crimes antecedentes. Embora, como já se adiantou, a Decisão-Quadro tenha definido a noção, a verdade é que isso não tem evitado diferentes pontos de vista na abordagem, pelos Estados-Membros, do que constitui crime antecedente[361], o que torna difícil identificar quando é que se está perante um eventual crime de branqueamento no espaço da União Europeia.

Entretanto, sempre se poderia dizer que mais positivo do que o aspeto negativo destas divergências seria a consagração da qualificação do crime antecedente como *grave*, o que constitui o reduto de legitimidade da criminalização do branqueamento, que só deve abranger atividades especialmente perigosas. Só que, tal como já foi posto em evidência[362], nos sistemas punitivos que não conhecem limites mínimos de molduras penais abstratas não se alcança a restrição pretendida à tendência expansiva da criminalização do branqueamento, porquanto os crimes puníveis com pena de prisão de duração máxima superior a um ano não se podem considerar graves. Pelo que, apenas nos sistemas punitivos que contemplem um limiar mínimo para as penas abstratas e tenham limitado os crimes antecedentes aos que são puníveis com uma pena de prisão de duração mínima superior a seis meses se poderá dizer que consideram uma fenomenologia criminal antecedente *grave*, ou, pelo menos de média gravidade. Por aqui, se contribuindo, além disso e afinal, para a frustração do objetivo pretendido de harmonização.[363]

---

[360] Capítulo III, do Título V (Dos Crimes contra o Estado), da Parte Especial do Código Penal. No sentido de que a incriminação do branqueamento nada tem a ver com a tutela da economia, antes a economia é aí encarada «como potencial instrumento do crime», JORGE DE FIGUEIREDO DIAS, *Revista Portuguesa de Ciência Criminal*, Ano 22, nº 3, Julho-Setembro 2012, cit., p. 521s. (p. 534 e 535).
[361] A Exposição de Motivos da Proposta de Diretiva penal de 2016 (COM (2016) 826 final, cit.) refere-se-lhe expressamente (cf. ponto 1.).
[362] PEDRO CAEIRO, *Liber Discipulorum*, cit., p. 1075s. (p. 1077 e 1078).
[363] Cabe ainda referir que, também relativamente à punição do crime de branqueamento, a abordagem dos Estados-Membros é divergente. Assim, de acordo com o Relatório de Avaliação

No âmbito internacional mais vasto e tendo por referência os mesmos instrumentos internacionais fundamentais, as soluções adotadas a nível interno são também divergentes. Tome-se agora por exemplo os ordenamentos jurídicos da RAEM e brasileiro. Assim, em ambos é de considerar como fontes vinculantes mais importantes as Convenções das *Nações Unidas*, de *Viena*, de 1988, sendo de acrescentar, pelo que se refere à RAEM, as de *Palermo*, de 2000, e *contra a corrupção*, de 2003, e, quanto à legislação brasileira atual, é assinalado[364] como um documento internacional que também lhe serviu de base a *Convenção do Conselho da Europa* de *1990*. Observa-se, contudo, que a evolução da morfologia da tutela penal do branqueamento foi naqueles ordenamentos diferente e mesmo de sentido oposto.

Na legislação da RAEM, em 1997 – em que a *Lei da Criminalidade Organizada*[365] consagrou o crime de branqueamento –, o tipo legal incrimina as atividades de branqueamento configuradas em moldes que abrangiam as três modalidades de conversão, ocultação e utilização de bens ou produtos provenientes da prática de quaisquer crimes.[366] Já em 2006, a Lei nº 2, de 3 de Abril, optou por restringir as atividades de branqueamento àquelas que se caracterizam, no seu núcleo duro, por ocultar ou dissimular as vantagens ou bens provenientes apenas da prática de factos ilícitos típicos puníveis com pena de prisão de limite máximo superior a três anos[367], tendo sido esta solução mantida, pelo que se refere às atividades de branqueamento, com as alterações introduzidas pela Lei nº 3/2017, de 22 de maio[368].

---

da Comissão já referido, este aponta que, se, «de uma forma geral, pode dizer-se que a maioria dos Estados-Membros cumpriram a obrigação imposta no artigo 2º», ou seja, punindo o crime «com pena de prisão, com um máximo não inferior a quatro anos», de qualquer modo «o cumprimento desta obrigação é bastante heterogéneo, distinguindo-se dois sistemas: aqueles que cumprem esta exigência em relação a todos os crimes de branqueamento e aqueles que a cumprem só no caso de crimes graves ou muito graves».

[364] Cf. Exposição de Motivos, Lei nº 12.683, de 9 de Julho de 2012: «Altera a Lei nº 9.613, de 3 de Março de 1998, para tornar mais eficiente a persecução penal dos crimes de lavagem de dinheiro».

[365] Lei nº 6, de 30 de julho.

[366] Cf. Artigo 10º. Sobre as dúvidas interpretativas a este propósito, cf. JORGE GODINHO, *Primeiras Jornadas de Direito e Cidadania*, cit., p. 159 e 160.

[367] Cf. Artigo 3º, nº 1, 2 e 3.

[368] Cfr. Art. 3º, nº 1, 2 e 3. Note-se, entretanto, que, quanto aos crimes antecedentes, o legislador seguiu agora o método cumulativo do limiar da pena de prisão abstratamente aplicável (limite máximo superior a três anos) e da lista (cf. nº 1, Artigo 3º).

Expressa-se, deste modo, uma reorientação político-criminal que foi apontada, ao tempo, como tendo em vista a salvaguarda de interesses ligados à administração da justiça, mais especificamente e na letra da própria *Nota Justificativa da Proposta de Lei Prevenção e Repressão do Crime de Branqueamento de Capitais*, «impedir ou frustrar a realização do interesse legítimo da administração da justiça na deteção e perda de bens originados pela prática de crimes graves»[369].

Por seu turno, no direito brasileiro deparamos com uma evolução que vai no sentido da expansão da criminalização do branqueamento. Este movimento teve tradução, não tanto pelo que se refere à fisionomia das atividades de branqueamento, mas pela maximização do alargamento dos crimes antecedentes. Com efeito, quanto àquelas atividades, a *lei* que inicialmente dispôs de forma acabada sobre *os crimes de lavagem ou ocultação de bens, direitos e valores* – Lei nº9.613, de 3 de Março de 1998 – desde logo as definiu, não só como as que consistissem na ocultação ou dissimulação da «natureza, origem, localização, disponibilidade, movimentação ou propriedade de bens, direitos ou valores» de origem ilícita[370] e as de quem, «para ocultar ou dissimular a utilização de bens direitos ou valores» de origem ilícita, «os converte em ativos lícitos, os adquire, recebe, troca, negoceia, dá ou recebe em garantia, guarda, tem em depósito, movimenta ou transfere», «importa ou exporta com valores não correspondentes aos verdadeiros»,[371] mas ainda abrangendo as atividades de quem «utiliza, na atividade financeira, bens, direitos ou valores» que «sabe» serem de origem ilícita.[372] O que significa que, também no Brasil, à semelhança do que se se verificou, de início, na RAEM – e, como já vimos, igualmente em Portugal –, se previam três modalidades de atuação capazes de configurar branqueamento. As duas primeiras, em que o seu núcleo essencial consiste na ocultação ou dissimulação, e a terceira, em que o legislador considerou que «a mera utilização, sem ter por objeto a ocultação ou a dissimulação da origem dos bens, direitos ou valores, uma vez que o agente

---

[369] Cf. Governo de Macau, Proposta de Lei «Prevenção e repressão do crime de branqueamento de capitais». Nota Justificativa, citado em JORGE GODINHO, *Primeiras Jornadas de Direito e Cidadania*, cit., p. 157, nota 44.
[370] Cf. Artigo 1º.
[371] Cf. §1º, I, II e III.
[372] Cf. §2º, I.

saiba de tal origem, caracteriza a prática do ilícito»[373]. A Lei 12.683, de 9 de Julho, de 2012, manteve inalterado nesta parte o tipo objetivo de ilícito, tendo a atenção do legislador incidido sobre o tipo subjetivo, apontando no sentido, ao eliminar a referência à circunstância de o agente «saber» que as vantagens têm origem ilícita, de se considerar a possibilidade da prática do branqueamento a título de dolo eventual.

Já pelo que diz respeito aos crimes antecedentes, logo em 1998, o legislador optou por prever uma lista de crimes de especial gravidade – a título de exemplo, o «tráfico ilícito de substâncias entorpecentes ou drogas afins» ou o terrorismo ou crimes «contra o sistema financeiro»[374]–, apesar de, ao tempo, os compromissos internacionais assumidos pelo Brasil implicarem tão-só a referência do branqueamento ao âmbito da criminalidade antecedente que relevava do tráfico de estupefacientes. Sendo que, em 2012 – e esta foi a alteração mais relevante introduzida –, foi eliminado o elenco de crimes antecedentes, que passaram a ser «quaisquer infrações» e, assim, a incluir os crimes em sentido próprio e as contravenções penais: na Lei de 2012, as vantagens objeto de branqueamento são «provenientes, direta ou indiretamente, de infração penal».

É, pois, significativo, do ponto de vista do efeito harmonizador que analisamos, dado o quadro internacional comum de que participa conjuntamente com a RAEM, que o objetivo desta intervenção legislativa – que pode ser apontada como um exemplo de máxima latitude da intervenção penal em sede de incriminação do branqueamento – tenha sido o de responder «à necessidade de se alinhar a regulamentação com a política criminal internacional». E expressamente considerado, na *Justificação da Lei*[375], que o bem jurídico tutelado é «o sistema económico-financeiro do país» e que o objetivo visado consiste na «estabilidade e normalidade do mercado».

É inegável que às opções legislativas tomadas a nível interno, embora obedeçam a uma racionalidade político-criminal jurídico-constitucionalmente legitimada, não lhes é alheio o quadro de compromissos

---

[373] Cf. Exposição de Motivos, Lei nº 9.613, de 3 de Março de 1998: «Dispõe sobre os crimes de «lavagem» ou ocultação de bens, direitos e valores; a prevenção da utilização do sistema financeiro para os ilícitos previstos nesta Lei; cria o Conselho de Controle de Atividades Financeiras – COAF –, e dá outras providências».
[374] Cf. Artigo 1º.
[375] Diário do Senado Federal, Brasil, p. 13.338-13.342 maio/2003, de 29/05/2003 – p. 13.339.

internacionais e europeus em que se inserem, nem elas podem ser indiferentes à teleologia que informa este conspecto alargado. É também à luz do desenho das obrigações internacionais e atendendo ao sentido da evolução da legislação europeia que é devido determinar uma conceção dos interesses que justificam a incriminação do branqueamento. Definida, de uma forma clara, como (uma dimensão d)a administração da justiça que se liga ao interesse da deteção e perda das vantagens obtidas com a prática de um certo tipo de criminalidade grave – sedimentando-se o caminho que, pelas razões invocadas, se nos afigura o correto –, será então possível encontrar, ao nível dos vários ordenamentos jurídico-penais, soluções legislativas aproximadas na sua diversidade, pelo lastro comum em que assentam.

3.4. O sistema de prevenção do branqueamento no direito português (a Lei nº 83/2017, de 18 de Agosto)

As obrigações dos Estados-Membros da União Europeia, e designadamente de Portugal, decorrem hoje, no domínio específico da prevenção do branqueamento, da Diretiva de 2015, transposta para o nosso ordenamento jurídico pela Lei nº 83, de 18 de Agosto de 2017.

Um aspeto a atender é que, no domínio da Diretiva de 1991, entidades obrigadas para efeitos preventivos eram apenas as instituições financeiras.[376] A preocupação de alargamento a outras entidades e atividades verificou-se já com a Diretiva de 2001[377] e não mais deixou de acontecer[378] até ao presente, com a Diretiva de 2015 a refletir a mesma tendência.[379] Apesar disso, o regime preventivo construído assenta numa abordagem de prevenção de riscos (*risk-based approach*)[380] – conhecida como a *técnica dos 3Ks* (*know your costumer/know your transaction/know your process*) –, tradicionalmente utilizada na esfera das instituições financeiras, onde se aplica, concretamente, aos sistemas de controlo internos. Este modelo foi a porta

---

[376] A Diretiva referia-se expressamente a «estabelecimentos de crédito» e a «outras instituições financeiras»: cf. Considerandos e Artigo 1º, incisos primeiro e segundo.
[377] Cf. Considerandos 1 e 4 a 6 e Artigos 1º, A. e B. e 2º –A. Sobre o âmbito de entidades a que se aplica a Lei nº 83/207, cf. Artigos 3º a 7º.
[378] Cf. Diretiva de 2005, Artigos 2º e 3º, nº 1 e 2.
[379] Cf. Artigos 2º e 3º, nº 1 e 2.
[380] Neste sentido, cf. Artigo 4º, Diretiva de 2015.

de entrada no espaço europeu dos programas de *compliance* para entidades não financeiras.[381]

Em relação ao regime previsto anteriormente, que se limitava a prescrever uma obrigação genérica quanto à definição e aplicação de sistemas de controlo adequados ao cumprimento dos deveres legais estabelecidos, a Diretiva atual estabeleceu uma vasta rede de deveres objeto de um significativo desenvolvimento e obrigou à adoção de mecanismos de controlo sofisticados.[382] É sobre este modelo que se desenha a nova Lei, em vigor em Portugal desde 17 de setembro de 2017.

3.4.1. Programas de *compliance* e administrador de *compliance* (CCO)

De uma forma geral, salienta-se que existe hoje para um espetro amplo de entidades uma *obrigação* de criação de programas de cumprimento *efetivos* em matéria de prevenção do branqueamento. Com efeito, se bem que «as políticas e os procedimentos e controlos» (*programas de cumprimento ou de compliance*) devam ser *adequados* à gestão dos riscos e ao cumprimento das normas legais e regulamentares e *proporcionais* à natureza, dimensão e complexidade da sua atividade,[383] de qualquer forma eles *devem* satisfazer, no mínimo – «pelo menos»[384] –, certas exigências, que traduzem a adoção de mecanismos de controlo interno complexos, que passam pela definição de programas que contemplem, designadamente, práticas eficazes de

---

[381] Sobre isto, cf. T. PONCES DE CARVALHO, «O 'compliance officer' e o regime da responsabilidade penal das pessoas coletivas na nova Lei de combate ao branqueamento de capitais e ao financiamento do terrorismo», *Vida Judiciária*, setembro-outubro, 2017, p. 26: *id*, «Dever de diligência e receção do 'compliance' na nova Lei de combate ao branqueamento de capitais e ao financiamento do terrorismo», *Vida Judiciária*, janeiro-fevereiro, 2018, p. 38. Salienta-se, assim, que, em matéria de branqueamento, a nova Lei criou «uma nova função de compliance, em tudo idêntica àquela prevista no Aviso 5/2013, do Banco de Portugal, aplicável às sociedades financeiras», dirigida a outros destinatários.

[382] Interrogando-se, já no âmbito de aplicação da Diretiva de 2001 e por referência ao sistema financeiro, sobre a legitimidade de se lhe exigir o esforço para poder cumprir as obrigações impostas, NUNO BRANDÃO, *Argumentum*, 11, cit., p. 31s. De uma perspetiva geral, equacionando a redução do Estado ao exercício de funções de controlo e a correspondente *responsabilização como garantes* da generalidade dos cidadãos, ANABELA MIRANDA RODRIGUES, «Controlar e punir – o direito penal em mudança?», *Revista de Filosofia do Direito, do Estado e da Sociedade – FIDES*, v.8, n. 2, 16ed., 2017, p. 158s (p. 162s).

[383] Cf. Artigo 12º, nº 1 e 2.

[384] Cf. Artigo 12º, nº 2, (corpo).

gestão do risco, formação contínua, criação de sistemas de informação adequados, estabelecimento de instrumentos, eventualmente de auditoria independente, que permitam testar a sua qualidade, adequação e eficácia, ou, ainda, desenvolvimento de políticas e procedimentos em matéria de proteção de dados pessoais.[385]

Já a designação de um «responsável pelo controlo do cumprimento» (*administrador de compliance ou Chief Compliance Officer – CCO*) – que incumbe ao órgão de administração da entidade obrigada[386] e cuja ausência constitui contraordenação[387] punível com coima[388] – é obrigatória apenas quando for imposta por lei ou regulamentação ou for determinada por autoridade setorial competente,[389] sendo facultativa nos restantes casos.[390] Deve ser um dirigente ou elemento equiparado das entidades vinculadas, indicado por estas,[391] cuja adequação e condições para o exercício do cargo são, em princípio,[392] garantidas também pelas próprias entidades. Neste sentido,[393] estas asseguram, de acordo com a sua própria avaliação, que o *CCO* reúne as qualidades de idoneidade, qualificação profissional e de disponibilidade para o exercício das suas funções e as condições para o seu desempenho de modo independente, permanente, efetivo e com autonomia decisória, designadamente, não se encontra sujeito a «potenciais conflitos funcionais, em especial quando não se verifique a segregação de funções»,[394]

---

[385] Cf. Artigo 12º, nº 2, e respetivas alíneas.
[386] Cf. Artigo 13º, nº 2, alínea e).
[387] Cf. Artigo 169º, alínea h).
[388] Cf. Artigo 170º.
[389] Cf. Artigo 16º, n 1, alínea b); cf. também, Artigo 12º, nº 2, alínea d).
[390] Entretanto, entende-se que há um «poder-dever» de designação de um administrador de *compliance* «sempre que tal seja adequado à natureza, dimensão e complexidade da atividade prosseguida pelas entidades obrigadas»; sendo que, nos casos em que não seja «exigível» ou «adequada» (alíneas b) e a), respetivamente, nº 1, Artigo 16º) essa designação, as entidades obrigadas *devem* nomear um «colaborador» que assegure o exercício das funções de «interlocutor das autoridades judiciárias, policiais e de supervisão e fiscalização», designadamente dando cumprimento a deveres de comunicação e de colaboração previstos na Lei (cf. Artigos 16º, nº 1, a); nº 7; e nº 2, e)).
[391] Cf. Artigo 16º, nº 1 (corpo). De qualquer modo, quando não se verifique a existência de *CCO*, as entidades vinculadas estão obrigadas a nomear um colaborador (cfr. nota anterior).
[392] Cf. Artigo 16º, nº 9.
[393] Cf. Artigo 16º, nº 3.
[394] Cf. alínea e), do referido nº 3, do Artigo 16º.

qualquer que seja a natureza do vínculo que tenham com as entidades em que exerçam funções. O administrador de *compliance* é, pois, o responsável *em exclusivo*[395] pela definição do programa de *compliance*, sobre o qual emite o seu parecer prévio, pelo seu acompanhamento e atualizações, pela política de formação levada a efeito na entidade e pela centralização de toda a informação relevante produzida nas suas diversas áreas de negócios, para além, ainda, de ser o interlocutor das autoridades judiciárias, policiais e de supervisão e fiscalização, assegurando, a requerimento destas entidades, o cumprimento do dever de colaboração,[396] e de lhe competir o exercício do dever de comunicação de operações suspeitas.[397] Trata-se, com este dever, da obrigatoriedade de denúncia, por iniciativa própria, da prática de um crime, que recai exclusivamente sobre o administador de *compliance*,[398] que o assume nessa qualidade, não podendo o seu cumprimento ser feito depender de decisão dos membros do órgão de administração, nem de quaisquer terceiros externos à função.[399] Os conflitos funcionais que aqui podem surgir – pense-se na hipótese da denúncia recair sobre um administrador da entidade – mostram que é, pois, do maior relevo, também para este efeito, preservar as condições de independência e de autonomia do exercício da função.

Observa-se, assim, que, através do seu órgão de administração, a entidade coletiva obrigada é responsável pela aplicação das políticas e dos procedimentos e controlos, vale por dizer, dos programas de cumprimento ou *compliance* em matéria de branqueamento,[400] constituindo a sua ausência uma contraordenação,[401] cujo sancionamento está previsto com coima.[402] Para além disso, entretanto, poderá ainda ser responsabilizada pela prática

---

[395] Cf. Artigo 16º, nº 2.
[396] Cf. Artigo 53º. Trata-se de assegurar o cumprimento do dever de colaboração, a requerimento do Departamento Central de Investigação e Ação Penal (DCIP), da Unidade de Informação Financeira (UIF), de demais autoridades judiciárias e policiais, de autoridades setoriais e da Autoridade Tributária Aduaneira.
[397] Cf. Artigo 43. Esta comunicação é feita, por iniciativa própria, ao Departamento Central de Investigação Criminal e à Unidade de Informação Financeira.
[398] Ou, caso este não exista, sobre o colaborador nomeado para o efeito (cf. Artigo 16º, nº 7).
[399] Cf. Artigo 16º, nº 4.
[400] Cf. Artigo 13º, nº 1.
[401] Cf. Artigo 169º, alínea c).
[402] Cf. Artigo 170º.

das contraordenações em que incorra, a título singular, o responsável pelo programa de cumprimento (o administrador de *compliance* ou *CCO*), quando – como agora aqui se pretende destacar – este não cumpra o dever de comunicação de operações suspeitas já referido e pelo qual é responsável em exclusivo e com plena autonomia. Com efeito, de acordo com o modelo de responsabilidade contraordenacional consagrado, a pessoa coletiva é responsável pelas contraordenações cometidas pelas pessoas singulares que sejam titulares, como é o caso, de funções de chefia, quando estas atuam no exercício das suas funções ou em seu nome, sendo a responsabilidade do ente coletivo excluída apenas quando o agente atue contra ordens ou instruções expressas dele.[403] Ora, devendo o órgão de administração, em homenagem à autonomia decisória que tem de pautar o exercício das funções de administrador de *compliance*,[404] abster-se de qualquer interferência no exercício do dever de comunicação de operações suspeitas por parte deste, poder-se-á cair numa situação em que a não verificação de uma ordem ou instrução expressas no sentido do cumprimento do dever em causa em consonância com a garantia do exercício independente e efetivo das suas funções faz a entidade coletiva incorrer em responsabilidade, com a consequência do pagamento de pesadas coimas. Nota-se, assim, que, ao transpor para o direito interno o sistema de prevenção do branqueamento previsto no direito da União Europeia, de independência do órgão de cumprimento relativamente ao órgão de administração, o legislador nacional não teve, entretanto, na devida conta o regime de responsabilidade contraordenacional das pessoas coletivas que continua a fazer assentar num modelo heterónomo de responsabilidade.[405] O que, acrescente-se, pode conduzir a situações perversas, em que a pessoa coletiva, apesar de incorrer em responsabilidade contraordenacional, prefere arcar com a sanção daí decorrente do que suportar os *custos* – desde logo reputacionais – de uma denúncia de um crime de branqueamento.

---

[403] Cf. Artigo 162º e respetivos números 1 e 2.
[404] Cf., expressamente, Artigo 13º, nº 3, alínea a).
[405] Este modelo de responsabilidade contraordenacional está na mesma linha do modelo de responsabilidade penal heterónoma das pessoas coletivas previsto no Código Penal Português, em que, de acordo com o disposto no Artigo 11º, nº6, se prevê, apenas, de modo semelhante, que a responsabilidade penal daquelas é excluída «quando o agente tiver atuado contra ordens ou instruções expressas de quem de direito». Cf., ainda, T. PONCES DE CARVALHO, *Vida Judiciária*, 2017, cit., p. 27.

3.4.2. Deveres de *compliance*

O dever de identificação e diligência[406] – concretização da primeira máxima da política dos *3Ks, know your client* – pode ser visto como o dever-chave dos deveres de compliance, cujo objetivo é normalmente apontado como sendo o acompanhamento contínuo de clientes e transações, tendo em vista prevenir e comunicar operações idóneas e suspeitas de revelarem branqueamento.[407] Impõe uma análise de risco, que implica, em qualquer dos níveis em que é configurado – normal, simplificado e reforçado – o cumprimento de um dever de informação *acrescido*.

Num nível *normal*,[408] quando as entidades obrigadas estabeleçam relações de negócios[409] ou quando efetuem transações ocasionais acima de determinado montante fixado na lei,[410] e em função do perfil de risco do cliente[411] ou quando as caraterísticas da operação o justifiquem, suscitando suspeitas de estarem relacionadas com o branqueamento, independentemente do seu valor,[412] o dever de identificação e diligência analisa-se em vários deveres de identificação, de obtenção de informações e de acompanhamento contínuo, que se dirigem à identificação dos clientes e respetivos representantes e a obter informações sobre a finalidade e a natureza pretendida da relação de negócio e quanto à origem e destino dos fundos movimentados, no âmbito de uma relação de negócios ou na realização de uma transação ocasional. Para além disso, está em causa o acompanhamento contínuo da relação de negócio, «a fim de assegurar que as operações realizadas no seu decurso são consentâneas com o conhecimento que a entidade obrigada tem das atividades e do perfil de risco do cliente e, sempre que necessário, da origem e do destino dos fundos movimentados».[413] Ainda de considerar

---

[406] Sobre o dever de identificação e diligência, no que se segue, cf. T. Ponces de Carvalho, *Vida Judiciária*, 2018, cit., p. 1s; Filipa Marques Júnior e Duarte Santana Lopes, «Proposta de Lei 72/XIII. Medidas de natureza preventiva e repressiva de combate ao branqueamento de capitais e ao financiamento ao terrorismo», *Briefing Criminal e Compliance*, Morais Leitão, Galvão Teles, Soares da Silva, Maio 2017, *passim*.
[407] Sobre a distinção entre operações idóneas e suspeitas de branqueamento, cf. *infra*, texto.
[408] Cf. Artigos 23º a 34º.
[409] Cf. Artigo 23º, nº 1, alínea a).
[410] Cf. Artigo 23º, nº 1, alínea b). Sobre isto, cf. infra.
[411] Cf. Artigo 23º, nº 1, alínea d).
[412] Cf. Artigo 23, nº 1, alínea c).
[413] Cf. Artigo 27º, alínea c).

é o conhecimento dos beneficiários efetivos do cliente,[414] reforçado na lei atual com as obrigações de consulta periódica das informações constantes do *Registo Central do Beneficiário Efetivo*. Criado no âmbito do pacote das novas medidas de prevenção do branqueamento,[415] a principal inovação da lei que o contempla prende-se com os deveres das entidades obrigadas de consultarem periodicamente as informações dele constantes, de modo a identificarem a qualidade de beneficiário efetivo e comunicarem ao *Instituto de Registos e Notariado* quaisquer desconformidades entre a informação colhida no *Registo Central* e a que resultou da sua análise interna, presidindo-lhe o objetivo de evitar a criação de «empresas de fachada».

No contexto do dever normal de identificação e diligência, importa-nos destacar três aspetos.

O primeiro diz respeito ao facto de este dever ser *apenas* automático para as situações em que se estabeleçam relações de negócios ou quando se efetuem transações ocasionais de montante igual ou superior a € 1.500 ou que constituam uma transferência de fundos de montante superior a € 1.000.[416]

O segundo aspeto tem a ver com a preocupação, desde sempre presente a nível europeu e com tradução interna, em evitar o *smurfing* ou *structuring*, impondo o cumprimento deste dever nas transações ocasionais de montante igual ou superior a € 15.000, independentemente de a transação ser realizada através de uma única operação ou de várias operações aparentemente relacionadas entre si.[417]

Um terceiro ponto prende-se com a obrigação de cumprimento do dever em relação a quaisquer operações, aí incluídas não só as transações ocasionais mas também as transferências de fundos, *independentemente do seu valor*, sempre que se *suspeite* que possam estar relacionadas com o branqueamento.[418] Toca-se, assim, o problema do *dever de exame*[419] que recai sobre a entidade obrigada quanto a operações suscetíveis de poderem estar relacionadas com o branqueamento para efeitos de se enquadrarem num

---

[414] Cf. Artigo 29º s.
[415] Cf. Lei nº 89/2017, de 19 de agosto.
[416] Cf. Artigo 23º, nº 1, alíneas a) e b), i) e ii).
[417] Cf. Artigo 23º, nº 1, alínea b), i).
[418] Cf., de novo, Artigo 23º, nº 1, alínea c).
[419] Cf. Artigo 52º, nº 1.

determinado nível de risco e de aplicação das correspondentes medidas de prevenção. Está aqui em causa a identificação da *idoneidade* em abstrato de uma operação para ser apta a configurar branqueamento. É difícil ir muito além na definição do objeto deste dever que, pese embora o seu incumprimento constitua, entre nós, uma contraordenação,[420] pode em alguma medida ver minoradas as objeções quanto ao princípio da legalidade que se lhe formulam, em face dos exemplos-padrão indicados na lei como suscetíveis de indicarem a hipótese de as operações estarem relacionadas com o branqueamento.[421] De qualquer forma, a obrigação de serem examinadas criteriosamente as condutas, atividades ou operações por quem nelas intervém – nos termos da lei, «com especial cuidado e atenção, intensificando o grau e a natureza do seu acompanhamento»[422] – não pode valer para todas, sob pena de paralisia do sistema económico-financeiro. Ressalta, assim, a importância, não só da existência de regras e procedimentos internos bem como de formação, que permitam detetar a idoneidade de uma conduta, atividade ou operação e, a partir daí, suportar a formação já da *suspeita*.[423] Esta, por seu turno, deve então assentar em aspetos *concretos* que decorrem da apreciação da situação, de acordo com a diligência *exigível* a um profissional na análise das circunstâncias nela presentes,[424] que justifica, para o que agora se tem sob análise, a aplicação de medidas normais de identificação e diligência.[425]

Quanto às situações que permitem a adoção de medidas simplificadas de identificação e de diligência em função do nível de risco que apresentam – «comprovadamente reduzido» –, ao contrário do que se verificava anteriormente,[426] elas não se encontram hoje tipificadas, pela

---

[420] Cf. Artigo 169, alínea pp).
[421] Cf. Artigo 52º, nº 2.
[422] Cf. Artigo 52º, nº 1.
[423] Sobre a importância que assume a existência de programas de *compliance* efetivos para efeitos de afastamento da responsabilidade penal de administradores e empregados por crime de branqueamento, cf., infra, 3.4.3.
[424] Cf. Artigo 52º, nº 3.
[425] Como resulta da própria lei (cf. Artigo 52º, nº 1), a aferição da suspeita e do seu grau «não pressupõe a existência de qualquer tipo de documentação confirmativa da suspeita, antes decorrendo da apreciação das circunstâncias concretas».
[426] Cf. Artigo 11º, nº 1, Lei nº 25/2008, de 5 de junho, alterada pela Lei nº 118/2015, de 31 de agosto.

positiva,[427] na lei. Com efeito – e salvaguardas as situações expressamente identificadas[428] em que devam ser adotadas medidas reforçadas[429] e em que a aplicação de medidas simplificadas seja proibida pelas autoridades setoriais competentes –, a sua aplicação é afastada quando existam *suspeitas* de branqueamento.[430] Como decorre também do que já foi dito, a suspeita de branqueamento determina sempre a aplicação de medidas *normais* de identificação e diligência. Tudo isto significa uma análise de riscos especialmente cuidadosa e exigente por parte da entidade obrigada[431] a fazer ressaltar, de novo, a importância do dever de exame para a determinação das situações *idóneas* a desencadear qual o tipo de medidas adequadas, com as consequências que daí derivam em sede de responsabilidade, no caso do nosso ordenamento jurídico, contraordenacional.[432] As medidas simplificadas a observar, que devem ser proporcionais aos fatores de risco identificados,[433] entretanto, inserem-se num quadro de parâmetros que a

---

[427] Expressamente, afastam-se, apenas, as situações em que a adoção de medidas simplificadas nunca pode ter lugar (cf. Artigo 35º, nº 2, e respetivas alíneas). Para além disso, enumeram-se, em anexo à Lei, situações «indicativas de risco potencialmente mais reduzido» (cf. Artigo 35º, nº 3, alínea a)), que podem ser inerentes ao cliente, à respetiva localização geográfica ou ao produto, serviço, operação ou canal de distribuição. Constituem exemplos das primeiras as sociedades com ações admitidas à negociação em mercado regulamentado; das segundas, são exemplos os contratos de seguro «Vida» e de fundos de pensões e os produtos ou serviços financeiros limitados e claramente definidos que tenham por objetivo aumentar o nível de inclusão financeira; por último, no que respeita à localização geográfica, representam um risco potencialmente reduzido de branqueamento os Estados-Membros da União Europeia ou países terceiros que dispõem de sistemas eficazes no domínio da prevenção do branqueamento.

[428] Cf. Artigo 35º, nº 2, alíneas b) e c).

[429] O que implica, em alguma medida (cf. Artigo 36º, nº 2) a referência a situações expressamente previstas na lei.

[430] Cf. Artigo 35º, nº 2, alínea a).

[431] Quando for o caso de lhes caber essa identificação, que pode competir às respetivas autoridades setoriais (cf. Artigo 35º, nº 2 (corpo).

[432] Note-se que «a aplicação de medidas simplificadas de identificação e de diligência, em violação do disposto no Artigo 35º e nas correspondentes disposições regulamentares», constitui contraordenação, nos termos do Artigo 169º, alínea v), passível de coima, nos termos do Artigo 170º. De qualquer modo, não está excluído que, noutros ordenamentos jurídicos, a violação deste dever possa constituir crime. Sobre a legalidade de uma infração, mesmo contraordenacional, descrita nestes moldes, cf. o que se diz, de uma forma geral, em texto.

[433] Cf. Artigo 35º, nº 5.

lei traça[434] e que dizem respeito ao momento em que o dever de identificação, do cliente e do beneficiário efetivo, deve ser levado a efeito – «após» o estabelecimento da relação de negócio[435] –, à redução da frequência das atualizações dos elementos recolhidos no cumprimento daquele dever, à redução da intensidade do acompanhamento contínuo e da profundidade da análise das operações, quando os montantes nelas envolvidos são de baixo valor, e à ausência de recolha de informações específicas e à não execução de medidas específicas que permitam compreender o objeto e a natureza da relação de negócio, quando seja razoável inferir o objeto e a natureza do tipo de transação efetuada ou relação de negócio estabelecida.

Já quando o nível de risco for *identificado* como «acrescido»[436] – para o que volta a ser determinante o dever de exame e a idoneidade das situações, independentemente de qualquer suspeita – e sempre que[437] a entidade obrigada se relacione com pessoas singulares ou coletivas estabelecidas em países terceiros de risco elevado ou essas relações tenham lugar sem que o cliente ou o seu representante legal estejam fisicamente presentes ou com pessoas que, para além das que entram na categoria de «expostas politicamente», sejam titulares de cargos políticos ou públicos em que se identifique um risco acrescido de branqueamento,[438] as entidades obrigadas devem, em complemento das medidas normais, robustecer os procedimentos de identificação e diligência, adotando medidas reforçadas, de que podem constituir exemplos, que a própria lei aponta,[439] a obtenção de informação adicional sobre os clientes ou a intervenção de níveis hierárquicos mais elevados para autorização da realização de operações em geral.

O conceito de *pessoa politicamente exposta (PPE)*,[440] surgiu no âmbito da corrupção, com o objetivo de prevenir e detetar transações relacionadas

---

[434] Cf. Artigo 35º, nº 4.
[435] Quando o nível de risco é normal, o dever deve ser cumprido «no mais curto prazo possível» (cf. Artigo 23º, nº 3).
[436] Cf. Artigo 39, nº 1.
[437] Cf. Artigo 36º, nº 2.
[438] Cf. Artigo 39º, nº 4, alínea b) e nº 5.
[439] Cf. Artigo 36º, nº 6.
[440] Sobre o conceito, vide ISIDORO BLANCO CORDERO, «Las personas expuestas politicamente (PEP). Riesgo de blanqueo para los sujetos obligados», *Lavagem de capitais e sistema penal. Contribuições hispano-brasileiras a questões controvertidas* (organizadores: Carla Veríssimo

com este fenómeno. Foi elaborado na *Reunião de Autoridades Judiciárias e de Supervisores Financeiros* do *G7*, realizada na Suiça, em novembro de 2000,[441] na sequência do *Caso Abacha* e dos danos à reputação de bancos suiços e do Reino Unido que se lhe seguiram, tendo sido incorporado na *Convenção das Nações Unidas contra a Corrupção*, de 2003. A União Europeia consagrou-o no domínio do branqueamento e como tal faz hoje parte do léxico das legislações nacionais dos Estados-Membros, referindo-se às pessoas singulares que desempenham ou desempenharam, «durante pelo menos 12 meses», em qualquer país ou jurisdição, funções públicas proeminentes de nível superior.[442] Entre nós,[443] para além de estas funções estarem taxativamente identificadas na lei, a questão do tempo de duração da qualidade de *PPE* foi resolvida, entre as possibilidades de fixação de um prazo fixo ou de essa qualidade perdurar *ad aeternum*, de acordo com a adoção de um sistema de prazo fixo mínimo – as pessoas desempenharem ou terem desempenhado nos últimos 12 meses as referidas funções –[444], devendo a situação de cada *PPE* que deixa de deter essa qualidade ser valorada caso a caso, tendo em vista a possibilidade de continuar sujeito às mesmas medidas reforçadas de uma *PPE* ativa.[445]

3.3.4. O risco e a suspeita de branqueamento

No contexto do que vimos dizendo, queremos sublinhar a elevada responsabilização das entidades obrigadas pela aplicação de programas de *compliance* eficazes, tendo em vista a gestão de riscos que, mediante o cumprimento de uma vasta rede de deveres de *compliance*, identificam,

---

De Carli, Eduardo Fabián Caparrós, NIcolás Rodríguez García), Verbo Jurídico, 2014, p. 45s.

[441] A referência é ao *Working paper of Financial Institutions Supervisory Authorities on the Handling of Accounts linked to Politically Exposed Persons* (apud Isidoro Blanco Cordero, *Lavagem de capitais e sistema penal*, cit., p. 47, nota 8).

[442] Cf. Artigo 3º, nº9, Diretiva de 2015. De referir são ainda as categorias de «membros da família» (nº10) e de «pessoas conhecidas como estreitamente associadas» (nº11), com o intuito de se prevenir a utilização de «testas de ferro».

[443] Cf. Artigo 2º, alínea cc); cf. também Artigos 36º e 39º.

[444] Cf. Artigo 2º, alínea cc). De referir que a nossa lei adotou também as categorias de «membros próximos da família» (alínea w)) e de «pessoas reconhecidas como estreitamente associadas» (alínea dd)), pelas razões já expostas.

[445] Cf. Artigo 39º, nº 3.

avaliam e procuram reduzir através da aplicação de medidas de prevenção do branqueamento. Observa-se, com efeito, que, como já deixamos assinalado, são várias as situações em que cabe às entidades obrigadas detetar as situações idóneas e/ou suspeitas de, em função de um determinado nível de risco, configurarem branqueamento. Sendo aqui de sublinhar que, contrariamente ao que sucedia na vigência do anterior regime jurídico de prevenção do branqueamento, a lei atual não indica as situações de «risco comprovadamente reduzido» que permitiriam a aplicação automática de medidas simplificadas, cabendo a sua identificação, em princípio, às próprias autoridades obrigadas.[446] E que resta também para as entidades obrigadas a responsabilidade de identificar, não só as operações que, independentemente do seu valor, sejam suspeitas de branqueamento,[447] mas também as que são idóneas, independentemente de qualquer suspeita, para revelarem um risco acrescido de branqueamento, respetivamente, para efeitos de aplicação de medidas normais e reforçadas de prevenção.

Para os efeitos preventivos em causa, importa não só relembrar a importância capital que assume o dever de exame na atuação em concreto dos diferentes agentes da entidade nos vários níveis de responsabilidade que nela detêm, a quem, na análise das diversas situações e de acordo com os critérios de diligência exigíveis a um profissional, cabe detetar a existência de condutas, atividades ou operações, desde logo idóneas para configurarem branqueamento e também eventualmente suspeitas para efeitos do crime. Mas importa ainda destacar a importância da vasta gama de outros deveres que sobre eles recaem e que lhes permitem a gestão dos riscos para efeitos de prevenção do branqueamento nos vários níveis identificados. Sendo de assinalar, então, o relevo acentuado que assumem, neste contexto da responsabilização das entidades obrigadas pela prevenção do branqueamento, uma variedade de deveres, de que se destacam o dever, para todas as pessoas que exercem funções na entidade obrigada, designadamente o *CCO*, de comunicação à própria entidade ou ao órgão de fiscalização de

---

[446] Essa identificação pode caber também às autoridades setoriais, como já foi referido (cf. Artigo 35º, nº 2). Sobre a identificação de situações que podem desencadear a aplicação de medidas simplificadas, cf. supra.

[447] Cf. Artigo 23º, nº 1, alínea c). Sobre o problema da identificação das transações suspeitas de branqueamento, embora no domínio da Diretiva de 2001 e do Decreto-Lei nº313/93, de 15 de setembro, mas com considerações válidas par o o regime atual, NUNO BRANDÃO, *Argumentum*, cit., p. 43s.

irregularidades relacionadas com eventuais violações, não só à lei e regulamentos na matéria, mas também às regras constantes dos programas de *compliance*,[448] ou o dever que cabe especificamente ao *CCO*, nos termos já apontados, de comunicação das suspeitas de branqueamento;[449] ou ainda o dever de abstenção também em relação a operações ou conjunto de operações suspeitas.[450]

Avulta aqui como a responsabilização da entidade obrigada pela prevenção do branqueamento tem uma outra face, que vai para além da aplicação efetiva das políticas e dos procedimentos e controlos, e que a fará incorrer em responsabilidade contraordenacional por uma multiplicidade quase inabarcável de ilícitos[451], que se analisam na violação de uma miríade de deveres decorrentes da lei, que cabe aos administradores e empregados cumprir, quando estes atuem no exercício das suas funções ou em nome e no interesse da entidade obrigada. As pesadas responsabilidades que daqui poderão resultar para as entidades obrigadas pela violação destes deveres é evidente, em face de um sistema como o de responsabilidade heterónoma das pessoas coletivas consagrado.[452] Para além de que, em não poucos casos, se poderá dizer que se está perante contraordenações de legalidade discutível por falta de determinação legal, lidando-se, como resulta quase uma inevitabilidade em certos domínios, com conceitos vagos.[453]

---

[448] Cf. Artigo 20, nº 1, 3 e 4. De salientar, a este propósito, que as entidades obrigadas devem estabelecer canais *específicos, independentes e anónimos* de comunicação de irregularidades (Artigo 20º, nº 1), *proporcionais* à natureza, dimensão e complexidade da entidade obrigada (Artigo 20º, nº 2, alínea a)) e que garantam a *confidencialidade* das comunicações recebidas e a proteção dos dados pessoais do denunciante e do suspeito da prática da infração (Artigo 20º, nº 2, alínea b)), sendo que os denunciantes não podem ser sujeitos a consequências disciplinares, civis ou criminais por comunicações feitas de boa fé (Artigo 20º, nº 6).

[449] Cf. Artigo 43, nº1; v. também, Artigo 16º, nº2, alínea e). Note-se que, neste caso, está prevista a *obrigação* de utilização de canais de denúncia *externos* – o que constitui uma novidade em relação ao regime anterior –, definidos pela autoridade setorial competente (Artigo 44º, nº 1, alínea a)) e ainda a definição de u conteúdo mínimo para a comunicação (Artigo 44º, nº 1, alínea c)).

[450] Cf. Artigo 47º, nº 1.

[451] Basta ter em conta o número de contraordenações previstas no Artigo 169º.

[452] Cf. Artigo 162º, nº 1. Vide, supra, sobre a responsabilidade contraordenacional da entidade obrigada a propósito do dever de comunicação de suspeitas que deve ser exercido pelo CCO.

[453] O exemplo pode ir buscar-se ao dever de comunicação de operações suspeitas (Artigo 43º, nº 1), em que o dever recai sobre a comunicação de fundos ou outros bens que os administradores ou empregados «suspeitem ou *tenham razões suficientes para suspeitar*» que provêm de

Cabe, entretanto, colocar em relevo que o âmbito de situações abrangidas pelos deveres previstos é muito amplo e não se *limita* a condutas, atividades ou operações suspeitas de se enquadrarem na configuração típica da incriminação de branqueamento, em que o âmbito de proteção da norma que prevê o crime é mais restrito. A questão que aqui se suscita é a de a responsabilidade dos administradores e empregados pela violação (não cumprimento ou cumprimento defeituoso) dos deveres que lhes cabem poder envolver responsabilidade penal pela prática do crime de branqueamento, por omissão imprópria.

Revela-se, a este respeito, muito importante para efeitos de afastamento da sua responsabilidade penal que aqueles deixem devidamente documentado o cumprimento e os termos do cumprimento de deveres de *compliance* que lhe cabiam, designadamente e tal como a lei indica, o dever de exame,[454] o dever de comunicação de suspeitas,[455] o dever de comunicação de irregularidades[456] ou o dever de abstenção.[457] Para aquele efeito será do maior relevo poderem demonstrar que os cumpriram e que, representando com o zelo e a diligência que lhes era exigível na situação, os riscos de branqueamento, agiram sem a finalidade de ocultar ou dissimular essa *possível* origem ilícita de vantagens. Ocultação ou dissimulação que, como já se referiu,[458] constitui o núcleo duro do crime de branqueamento. Na verdade, o que aqui está subjacente é a possibilidade de o crime de branqueamento ser cometido já a título, apenas, de dolo eventual, e, portanto, de a mera suspeita da proveniência ilícita das vantagens levar logo à verificação do dolo eventual. Como a este propósito *Figueiredo Dias*[459] chamou a atenção, o critério da conformação, no dolo eventual, não se consegue manter de todo estranho à probabilidade da realização típica. Já se advertiu, entretanto,[460] como a vida económica e financeira enfrentaria o risco de paralisação ficando

---

atividades criminosas, independentemente do montante ou valor envolvido (itálicos nossos), cuja violação constitui contraordenação (cf. Artigo 169º, alínea c c)).

[454] Cf. Artigo 52º, nº 5.
[455] Cf. Artigos 44, nº 1, alínea c) e 43º, nº 3.
[456] Cf. Artigo 20º, nº 5.
[457] Cf. Artigo 47º, nº 6 e 7.
[458] Cf., supra, Parte III, 3., 3.2.
[459] Cf. *Direito Penal. Parte Geral,* Tomo I, cit., p. 373.
[460] Cf. supra, Parte III, 3., 3.4.2., a propósito do dever de exame. Chamava já a atenção para este aspeto, PEDRO CAEIRO, *Liber Discipulorum,* cit., p. 1109.

sujeita ao «medo» de atuar dos seus agentes, particularmente expostos à atividade de branqueamento. É aqui que avulta a legislação preventiva do branqueamento, que, através de programas de *compliance* e de uma vasta rede de deveres de *compliance* disciplina a atividade de muitos agentes económicos, vinculando-os ao estabelecimento de um sistema preventivo e ao seu cumprimento. Com efeito, a avaliação da possibilidade da proveniência ilícita de vantagens, mediante o cumprimento de deveres, com um âmbito muito amplo de proteção, assume o maior relevo, constituindo a sua violação, dolosa ou negligente, pressuposto de responsabilidade contraordenacional. Mas já a responsabilidade penal pelo crime de branqueamento exige que o agente, ao não cumprir o dever ou com o seu cumprimento defeituoso, atue com particular intenção de ocultar ou dissimular as vantagens ilícitas. O que, saliente-se, o não cumprimento ou o cumprimento defeituoso do dever pode expressar (intenção de ocultar ou dissimular), na medida em que o agente, *em virtude da completa indiferença que lhe merece o bem jurídico que se quer proteger com a incriminação*,[461] não entrou em linha de conta com o risco – com a possibilidade – de as vantagens serem ilícitas. De todo o modo, como resulta claro, o não cumprimento ou o cumprimento defeituoso do dever em causa não significam necessariamente a prática a

---

[461] Nestes termos, em tese geral, FIGUEIREDO DIAS, *Direito Penal. Parte Geral*, Tomo I, cit., p. 375 e 376, para quem o agente «*decide-se* (se bem que não sob a forma de uma 'resolução ponderada', ainda que só implicitamente, mas nem por isso de forma menos segura) *pelo sério risco contido na conduta* e, nesta aceção, se conforma com a realização do tipo objetivo» (itálicos nossos). Tanto basta, conclui o Autor, «para que o tipo subjetivo de ilícito deva ser qualificado como doloso». Particularmente elucidativa é a sua invocação do pensamento de *Klaus Roxin*: «Quando a verificação de um resultado como possível é completamente indiferente, então tanto está bem a sua verificação como a sua não verificação; perante uma tal posição, uma decisão pela violação possível do bem jurídico existe já». Por nossa parte, entendemos, nestes termos, que não há necessidade de se invocar aqui uma «teoria da cegueira deliberada» para enquadrar estas situações, de acordo com a qual o dolo se liga exatamente a uma noção de indiferença e não a uma noção de conhecimento. Na formulação de RAMÓN RAGUÉS I VALLÈS, *La ignorância deliberada en derecho penal*, Barcelona, Atelier, 2007, válida como *cegueira deliberada*, é a atuação de «todo aquele que, podendo e devendo conhecer determinadas circunstâncias penalmente relevantes da sua conduta, toma deliberada e conscientemente a decisão de se manter na ignorância em relação a elas», deve ser responsabilizado como se tivesse conhecimento, ou seja, deve receber tratamento idêntico ao conferido pelo dolo.

título de dolo eventual de um crime de branqueamento.[462] O âmbito de proteção da norma penal visa apenas atingir as condutas praticadas com a particular intenção de ocultar ou dissimular, aquelas que cabem no âmbito de proteção mais restritivo do que o que se abrange com os deveres legais de atuar ou não atuar que visam prevenir, e não punir, comportamentos *proibidos* de branqueamento.

Entre nós, este sistema de prevenção esteve, até à nova lei de prevenção de 2017, assente num modelo unitário de prevenção e repressão,[463] na medida em que a lei de 2008 tinha em vista «proibir» o branqueamento nos termos da legislação «penal», que o punia, ao tempo e continua a ser o caso, quando estivesse em causa a ocultação e dissimulação de vantagens ilicitamente obtidas.[464] Aliás, e consequentemente, o legislador não definia branqueamento para efeitos de prevenção, valendo, para esse efeito, a definição de branqueamento contida no Código Penal. Compreende-se, entretanto, que, para efeitos de prevenção, o âmbito das condutas a ter em conta seja mais amplo do que as que relevam para efeitos de serem punidas, uma vez que os interesses a salvaguardar são diferentes e mais abrangentes dos que *legitimamente* se devem proteger com a incriminação.[465] A União Europeia, de resto, teve, desde sempre, a preocupação de erigir um sistema de prevenção do branqueamento amplo, englobando as três formas de branqueamento. É legítimo, na verdade, prevenir que circulem fluxos de capitais ilícitos no sistema financeiro e ameacem o mercado interno da União.[466] O que já não será o caso, como se deixou em evidência, para

---

[462] Aspeto a considerar é o de a decisão relativa ao cumprimento de um dever (por exemplo, de comunicação de irregularidades ou de abstenção) estar dependente de uma ordem de um administrador, de um empregado de nível superior na escala hierárquica da empresa ou mesmo de um *Administrador de Compliance (CCO)*. Neste caso, se a ordem diz precipuamente respeito à execução da operação sem mais, quem a executa não incorre em responsabilidade criminal pelo crime de branqueamento. Mas a situação é diferente se a ordem envolve ocultação ou dissimulação de vantagens ilícitas, caso em que não deve ser executada (c. Artigo 36º, nº 2, do Código Penal), sob pena de o agente incorrer então em responsabilidade criminal.
[463] Salientou este aspeto, no domínio da legislação anterior, PEDRO CAEIRO, *Estudo em Homenagem ao Prof. Doutor Costa Andrade*, cit., p. 281.
[464] Cf. Artigo 1º, nº 1, Lei nº 25/2008, de 5 de junho.
[465] Neste sentido, já NUNO BRANDÃO, *Argumentum*, cit., p. 18s; cf. também PEDRO CAEIRO, *Estudos em Homenagem ao Prof. Manuel da Costa Andrade*, cit., p. 282s.Cf., Também, supra, PARTE III; 3., 3.2.3.
[466] Cf. quarta Diretiva, Considerando 1º.

efeitos de justificar a incriminação e punição. É neste sentido que a nova lei de prevenção do branqueamento de 2017 define branqueamento para efeitos de prevenção alargando-o às três atividades de branqueamento[467], podendo dizer-se que, desta forma, se institui entre nós um sistema dual de prevenção e combate a esta conduta: o âmbito de proteção dos deveres de prevenção não se *limita* a atividades suscetíveis de se enquadrarem na configuração típica da incriminação de branqueamento, cujo âmbito de proteção é mais restrito do que o abrangido pelos deveres consagrados.

---

[467] Cf. Artigo 2º, alínea j).

ÍNDICE

PREFÁCIO	7
PARTE I – LEGITIMIDADE E NECESSIDADE DA INTERVENÇÃO PENAL NO DOMÍNIO ECONÓMICO	11
1. Introdução	11
2. Cenário da política criminal económica	15
3. Génese e desenvolvimento do direito penal económico	20
4. Direito penal económico: é legítimo? é necessário?	24
5. Fundamento e sentido da aplicação de penas de prisão e de multa	30
PARTE II – A AUTORREGULAÇÃO REGULADA. *CORPORATE GOVERNANCE* E *COMPLIANCE*	45
1. Introdução	45
2. *Corporate Governance*	50
3. Programas de *Compliance*	56
4. Programas de *Compliance* e Direito Penal	63
4.1. *Compliance* e Responsabilidade Penal das Pessoas Coletivas	65
4.2. *Compliance* e Responsabilidade Penal de Administradores, Administradores de *Compliance* e Empregados	70
PARTE III – EUROPEIZAÇÃO DO DIREITO PENAL ECONÓMICO	75
1. Introdução	75
2. O abuso de mercado	81

2.1.	O caminho da intervenção penal europeia	81
2.2.	O critério da necessidade da intervenção penal europeia	87
2.3.	A criminalização do abuso de mercado ao nível europeu	95
3. O branqueamento		101
3.1.	O quadro internacional e da União Europeia de prevenção e punição do branqueamento	102
3.2.	Sentido político-criminal da criminalização do branqueamento ao nível internacional e europeu – evolução e interesses protegidos	110
3.3.	Uma harmonização penal fraca: direito português, da Região Administrativa Especial de Macau (RAEM) e brasileiro	122
3.4.	O sistema de prevenção do branqueamento no direito português (a Lei nº 83/2017, de 18 de Agosto)	128
	3.4.1. Programas de *compliance* e administrador de *compliance* (*CCO*)	129
	3.4.2. Deveres de *compliance*	133
	3.3.4. O risco e a suspeita de branqueamento	138